EINGEMISCHT!

EDZARD REUTER

EINGEMISCHT!
ZWISCHENRUFE EINES ÄLTEREN HERRN

KLÖPFER&MEYER

Inhalt

Vorab

Neulich, als Bettlektüre, fiel mir ein kleiner Text in die Hände.

»Ein schöner langer Herbst vergeht. Die Blätter in den Lauben färben sich langsam intensiv rot. Mein Haus ist ... wohlbestellt. Ich werde hier nun meine Tage und meine Nächte verbringen. Die Leute um mich herum scheinen mir allesamt besser und ehrbarer als ich ... Nicht einmal schreiben will ich mehr. Ich werde zum Fischen aufs Meer hinausfahren, werde den Kaffee trinken und das billige Kraut rauchen ... (Und) so will ich doch voller Anstand, voll beschämter Verwunderung und Verzweiflung meinen Tod erwarten. Falls mich der Wunsch zu schreiben wieder packt – was heißt der Wunsch, die schlechte Gewohnheit vielmehr, und sei es auch ohne Gedanken an Ruhm und Erfolg, dann werde ich mich ohne Stift und Papier irgendwohin flüchten oder zum Fischen gehen. Ich werde nicht mehr schreiben. Ich weiß, dass die Menschen mich hier nicht mögen. Weil ich nicht bin wie sie ... Nie werden sie erfahren, dass mein Leben dahinsiecht,

… unerträglich lang, doch in demütiger Liebe zum Wind, den Fischen, den Netzen, dem Meer, bis einst der Tod mich ereilt.«

Der (hier gekürzte) Text stammt aus einem Band mit Geschichten des lange schon verstorbenen türkischen Schriftstellers Sait Faik Abasíyaník (Manesse Verlag, München/Zürich, 2012).

Wer in seinem Leben Vieles erfahren hat, Erfolge und Misserfolge, Versäumnisse und Erreichtes, Fehler und Zufriedenheit, Lust und Leid, Trost und Missachtung, Mut und Verzagen, Schönheit und Abscheu, Liebe und Enttäuschung, Zuversicht und Sinnlosigkeit, der wird unvermeidlich durch solche Sätze nachdenklich, gar elegisch, gestimmt. Mehr als das: sie bestärken den Verdacht, dass es für jedermann irgendwann Zeit wird, den Mund zu halten, mag die Versuchung auch noch so übermächtig darauf drängen, ihn überlaufen zu lassen. Die meisten, die sich selbst für bedeutsam halten, in den Medien oder an sonstigen vermeintlich bedeutsamen Schaltstellen der Gesellschaft, sind ohnehin weder willens noch imstande, zuzuhören – oder zu faul, den Stempel neu zu überdenken, den sie selbst oder andere einem vor Jahren auf die Stirn geprägt haben.

Vielleicht haben sie ja auch Recht, vermutlich ist es ohnehin egal. Die jüngeren Generationen erleben eine grundlegende Umwälzung alles früher Gewohnten,

Muße und Besinnlichkeit werden immer mehr zu Fremdworten. Ratschläge eines alten Mannes brauchen sie schon gar nicht. Das Leben geht weiter.

Mein eigenes wird nicht mehr lange andauern. Mir bleibt das Geschenk eines gütigen Schicksals. Dazu zählt die Chance, den Keller aufzuräumen. Dort lagern noch allerhand Themen, die nicht aufhören, mich umzutreiben. Neue kommen immer wieder dazu, verknüpfen sich nicht selten mit den alten. Darf man da wirklich, mag sie noch so sympathisch klingen, der wehmütigen Selbstbeschreibung des türkischen Schriftstellers nacheifern? Darf man wirklich die Achtung vor sich selbst jenem Gefühl zum Opfer bringen, das schon in tausenden von Bänden der Literatur oder in ungezählten philosophischen Diskursen sattsam hin- und hergewälzt worden ist: dem Gefühl, dass alles Leben ohnehin sinnlos sei – oder, wie Albert Camus es nennen würde, »absurd«?

Mit offenkundiger Sorge haben mich vor einiger Zeit Journalisten gefragt, ob die gegenwärtige deutsche Gesellschaft einem »politischen Friedhof« ähnele, ob sie durch eine »Entwicklung nach rechts« gekennzeichnet sei – oder ob es sich nicht umgekehrt um »eine quicklebendige Zivilgesellschaft« handele. Zwar habe ich zunächst versucht, mich in die Antwort zu flüchten, dass ich weder zum Seelsorger noch zum Psychiater geeignet sei. Dass die Sorgen berechtigt sind, schien mir dann freilich doch so sehr auf der Hand zu liegen, dass ich mich auf eine nähere Diskussion eingelassen habe.

Bei oberflächlicher Betrachtung kann ja kaum bezweifelt werden, dass hierzulande alles in Ordnung ist. Was unser freiheitlich-demokratisches System angeht, mag das weitgehende (hoffentlich nur vorübergehende!) Verschwinden der FDP bedauerlich sein. Ernsthaft gefährliche radikale Parteien oder Gruppierungen sind jedoch weder am rechten noch am linken Rand des politischen Spektrums erkennbar. PEGIDA oder das Aufkommen von so merkwürdigen »Gebilden« wie der AfD treiben zwar in den Medien und Talkshows die üblichen Alleswisser um. Ob sich daraus dauerhaft lebensfähige Organisationen entwickeln, kann hingegen getrost dahingestellt bleiben.

In sozialpolitischer Hinsicht scheint gleichfalls alles im Lot. Das gilt zumindest für das unverändert durch vernünftiges Maßhalten gekennzeichnete Zusammenwirken zwischen Gewerkschaften und Arbeitgebern. Gewiss warnen ernstzunehmende Stimmen vor Gefahren, die am Horizont aufziehen könnten, falls sich das vielzitierte Auseinanderklaffen zwischen extremem Reichtum auf der einen, zunehmender privater und öffentlicher Armut auf der anderen Seite weiter vertiefen sollte. Doch ernsthaft ausgewirkt haben sich solche

Befürchtungen bisher nicht, zumal sich die Zahl der dauerhaft Arbeitslosen in letzter Zeit zumindest nicht nennenswert erhöht hat.

Zugleich hat die gesellschaftspolitische Integration im Sinne eines fruchtbaren Zusammenlebens von Menschen unterschiedlicher kultureller und ethnischer Herkunft sichtbare Fortschritte gemacht. Daran ändern die schrecklichen Entwicklungen im arabischen Raum und die damit verbundenen Versuche einer Destabilisierung durch noch so barbarische terroristische Angriffe offensichtlich – und hoffentlich auch zukünftig – nicht das Geringste. Trotz mancher erschreckender Ausnahmen im Einzelnen zeigt sich das in beeindruckend positiver Weise an der Aufnahmebereitschaft, mit der den zu uns kommenden Flüchtlingen durch öffentliche wie private Anstrengungen tatkräftig geholfen wird, obwohl der Zustrom seit dem Sommer 2015 in bisher so unvorstellbarem Ausmaß angeschwollen ist (die folgenden Zwischenrufe sind allesamt davor entstanden).

Über alledem herrscht unsere bewährte Bundeskanzlerin mit ruhiger Hand. Man kann sich auf sie verlassen. Sie lässt sich nicht, wie andere, durch persönliche Eitelkeit auf Abwege leiten, genießt im Inland wie im Ausland höchstes Ansehen – und wirft ihre unbestrittene Autorität entschlossen in die Waagschale, sobald in wirtschaftlich oder politisch kritischen Situationen eine ruhige Hand gefragt ist.

Also alles in Ordnung? Dürfen wir uns tatsächlich beruhigt schlafen legen?

Im Laufe meines Lebens habe ich unzählige Male miterlebt, dass Hektik und Dramatisierung nicht die besten Ratgeber sind. Zum Schluss kommt es regelmäßig anders, als es die vermeintlich weisesten Propheten vorausgesagt haben. Dass es eine Menge wahrhaft beunruhigender Fragen gibt, denen wir uns stellen müssen, davon bin ich trotzdem zutiefst überzeugt. Und gerade »weil ich nicht bin wie sie«, schreibe ich gelassen die folgenden Zwischenrufe auf, darauf hoffend (und vertrauend), dass es die eine oder den anderen unter uns geben möge, deren Blick nicht durch Vorurteile getrübt ist. Allesamt legen die Texte die Schlussfolgerung nahe, dass wir gut beraten sind, lieber wach zu bleiben – oder zumindest nicht zu vergessen, rechtzeitig den Wecker zu stellen…

Ich selbst werde derweil still für mich die Weltläufe weiter verfolgen, »in demütiger Liebe zum Wind, den Fischen, dem Meer, bis der Tod mich ereilt«. Niemand wird mich dabei stören…

Wehret den Anfängen!

1930. Es gibt gute Gründe, nicht erst 1933, das Jahr der Machtergreifung durch die Nazis, sondern schon jenes Jahr als Schicksalsjahr der Weimarer Republik zu verstehen. Und immer wieder von neuem zu bedenken, dass sich die Geschichte zwar niemals wiederholt – aber gerade deswegen als drängende Mahnung geeignet ist, die Augen und Sinne für die Gefahren der Gegenwart offen zu halten.

Für den 14. September 1930 waren wieder einmal – schon das zweite Mal in jenem Jahr – Wahlen zum Reichstag angesetzt. Fritz Roeder im fränkischen Bad Kissingen, der Vater meiner Frau, hatte gerade sein 21. Lebensjahr vollendet. Zum ersten Mal durfte er an einer solchen Wahl teilnehmen. Wie offenbar damals üblich, fühlte sich sein Vater berufen, dem Sohn aus einem solchen Anlass Rat zu erteilen. Den schrieb er in einem (hier auf die wesentlichen Teile gekürzten) Brief nieder:

»… wenn auch baldige Verbesserungen nicht zu erwarten sind, so ist es doch die Aufgabe der Jugend, … die leider so kraß eingerissenen Mißstände nach bester Möglichkeit alsbald wieder zu beseitigen. Die Wahl kann deshalb nur auf eine rechtsstehende, aufbauende und reinigende Partei fallen, während die Linke doch nur Vorteile für sich und ihre Anhänger im Auge hat und nicht danach fragt, … was schließlich aus dem Reich werden soll. … Die früher führende Deutschnationale Volkspartei … ist übrigens die Partei der Schwerindustrie und Großkapitalisten, die bekanntlich nicht immer Freunde und Gönner der Beamten und Angestellten sind. …«

Kein noch so kluger und belesener Historiker könnte anschaulicher schildern, wie kindlich unbedarft sich große Teile vor allem des sogenannten Bürgertums – in merkwürdiger Gemeinsamkeit (was manches Mal gern übersehen wird) mit einer großen Zahl hoffnungslos dahinvegetierender Arbeitsloser – auf den Weg begaben, der in einer geschichtlichen Katastrophe ohnegleichen enden sollte. Freilich fürchte ich, dass eine solche Feststellung keineswegs zwingend zu der Schlussfolgerung führen muss, eine derartig schreckliche Missdeutung der politischen Wirklichkeit könne sich niemals mehr wiederholen. Sind nicht vielleicht, um nur ein einziges Beispiel herauszugreifen, heute schon wieder allzu viele unter uns genauso blind wie ein großer Teil der damaligen Wählerinnen und Wähler, wenn es darum geht, für die überlebensfähige Gestaltung des künftigen Europas eigene Opfer in Kauf zu nehmen – anstatt durch politische Kurzsichtigkeit die Zukunft unserer Kinder und Kindeskinder aufs Spiel zu setzen?

Seit mehr als zehn Jahren hatte sich die Mehrheit der im Reichstag vertretenen Parteien in unterschiedlichen Regierungskoalitionen redlich bemüht, der Unzahl von politischen, wirtschaftlichen und sozialen Probleme Herr zu werden, die seit dem Ende des verlorenen Weltkriegs und dem Zusammenbruch der staatlichen Ordnung des Kaiserreichs die junge deutsche Demokratie überfallen hatten. Nicht zuletzt zählten dazu die mit dem Vertrag von Versailles verbundenen Reparationslasten und die auf den durch die Siegermächte erzwungenen Vertrag – eine politische und geschichtliche Dummheit größten Ausmaßes – zurückgehende französische Besetzung des Rheinlands. Wie eine pandemische Gottesstrafe war Anfang der zwanziger Jahre die Inflation hinzugekommen. Millionen von Menschen waren ins Elend gestürzt, wenige skrupellose Glücksritter mit unermesslichen Reichtürmern belohnt worden. Ein tiefer Riss von Hass und Missgunst spaltete die Gesellschaft, bildete den Nährboden für die hoffnungslose Verzweiflung von Millionen Mitmenschen. Heilsbringer, die nicht zögerten, die demokratische Regierungsform und den mit ihr verbundenen Streit der Parteien als Schuldige für die Misere haftbar zu machen, schossen wie Pilze aus dem Boden.

Dabei war es eben diesen demokratisch legitimierten Parteien, wenn auch unter unsäglichen Mühen und begleitet von ermüdenden Auseinandersetzungen, schließlich gelungen, die französischen Besatzer zum Abzug zu bewegen und die Katastrophe der galoppierenden Geldentwertung zu überwinden. Doch jetzt war erneut ein Orkansturm über das Land hereingebrochen. Ausgelöst im Herbst 1929 durch den »Schwarzen Freitag« an der New Yorker Börse, versank die gesamte Weltwirtschaft in einer tiefen Krise. Deutschland blieb davon nicht verschont. Binnen weniger Wochen stieg die Zahl der Arbeitslosen auf sechs Millionen Menschen an, Nährboden nicht nur für unermessliches Elend der Betroffenen, sondern auch Wasser auf die Mühlen rechtsradikaler Parteien auf der einen, der Kommunisten auf der anderen Seite.

Hinzu kam, dass just in dieser Zeit die amtierende Reichsregierung einen zwar bei sachlicher Betrachtung politisch wie wirtschaftlich großartigen Erfolg einfahren konnte, der aber von eben diesen gegen die demokratischen Parteien agitierenden radikalen Gegnern der Republik als erneuter Volksverrat denunziert wurde:

die Anfang 1930 erfolgte Unterzeichnung des neu aus-
gehandelten sogenannten Young-Plans, durch den die
Reparationsverpflichtungen aus dem Versailler Vertrag auf ein nun wenigstens einigermaßen erträgliches
Maß zurückgeführt wurden.

Der politische Preis für den Erfolg der bisherigen
demokratischen Regierungskoalitionen wurde jetzt fällig.
Das Bewusstsein einer gemeinsamen Verantwortung
für die gesamte Nation, das über die schwierige Wegstrecke des ersten Jahrzehnts der Weimarer Republik
hinweg eine übergroße Mehrzahl der führenden politischen Persönlichkeiten gekennzeichnet und ihr Handeln bestimmt hatte, schien weitgehend aufgebraucht –
oder zumindest abgenutzt. Ein Gefühl allgemeiner
Ermüdung griff um sich. Es schlug sich nieder in der
Neigung nahezu aller demokratischen Parteien, Führungspersönlichkeiten den Vorzug zu geben, die durch
Mittelmäßigkeit hervorstachen. Diejenigen, die klare
Vorstellungen vertraten und Führungswillen erkennen
ließen, wurden hingegen eher ins Abseits gestellt. Zugleich verführte die sich abzeichnende wirtschaftliche,
soziale und politische Verschnaufpause dazu, die unverändert am Horizont lauernden Gefahren der zukünfti-
gen Entwicklung auf die leichte Schulter zu nehmen,
anstatt die Zeit für eine durchgreifende Sanierung des
in Unordnung geratenen Staatswesens zu nutzen.

Bezeichnend dafür war die Entwicklung in zwei Parteien, die bisher regelmäßig ihren Kopf für die zurückliegenden schwierigen Entscheidungen hingehalten hatten: die Sozialdemokratie und die Demokratische Volkspartei. Die SPD verfügte mit dem preußischen Ministerpräsidenten Otto Braun über eine Persönlichkeit, deren Durchsetzungsfähigkeit und Mut zur Unpopularität mehrfach erwiesen waren. Doch gerade wegen der damit verbundenen inneren Unabhängigkeit gegenüber den grauen Zwängen der Funktionärsorganisation hatte ihn die Partei nie wahrhaft als einen der Ihren empfunden: Vor allem dann, wenn es um die Vergabe ernsthafter politischer Führungsaufgaben ging, hatte man regelmäßig anderen, eher angepassten Persönlichkeiten den Vorzug gegeben. Das war auch jetzt nicht anders. Ähnliches galt für Gustav Stresemann, der als Außenminister nicht nur die Aufnahme Deutschlands in den Völkerbund erreicht, sondern auch den Grundstock für eine dauerhafte deutsch-französische Aussöhnung gelegt hatte. So war es über lange Jahre hinweg allein sein Verdienst, die DVP auf den Weg einer vertrauensvollen Zusammenarbeit der jungen deutschen Republik mit den demokratisch organisierten Völkern der westlichen Welt geführt zu haben. Inzwischen fiel es ihm jedoch von Tag zu Tag schwerer, seine Parteifreunde auf der Linie demokratischer Beständigkeit und Kompromissbereitschaft zu halten, wenn es um Versuche zur Bildung handlungsfähiger Regierungskoalitionen mit vermeintlichen politischen Konkurrenten ging.

Im Frühjahr 1930 war die Reichsregierung zurückgetreten. Geleitet durch den zwar keineswegs unbegabten, aber doch nach innen wie nach außen bieder wirkenden Sozialdemokraten Hermann Müller, hatte man sich als Ergebnis eines monatelangen Tauziehens über eine völlig nebensächliche Frage zerstritten. Es sollte die letzte Regierung sein, die noch von einer Mehrheit der erwiesen demokratischen Parteien getragen war.

Fritz Roeders Vater sah das anders:

»Nach unseren Überlegungen kommt es ... bei den heutigen Mißständen ... darauf an, erst einmal im Innern des Landes für Ordnung und Reinlichkeit zu sorgen, um ... den unlauteren Elementen im Land selbst das Handwerk zu legen und diese an den Pranger zu stellen. ... Aus diesem Grunde wollen wir die ganz rechts stehende National-Sozialistische Partei ... mit einem X versehen. Wir sind der Meinung, dass diese Partei ... viele Stimmen bekommen wird als Gegengewicht gegen die ganz links stehenden Kommunisten und Sozialdemokraten. ... Das Vorgehen der Nazi-Sozis ist ja nicht immer ganz einwandfrei, aber es gibt ja auch viele Fälle, wo Rücksichtslosigkeit angebracht ist und mit dem Wachsen ihres Einflusses wird auch der Stolz wachsen.«

Der dies seinem Sohn so treuherzig wie naiv nahelegte, war nicht etwa ein beruflich gescheiterter oder menschlich enttäuschter Mann. Im Gegenteil: er bildete die genaue Verkörperung alles dessen, was man damals mit einem Begriff bezeichnete, der auch heute noch von vielen unbedarften Zeitgenossen als Inbegriff moralischer wie materieller Solidität und Verlässlichkeit missverstanden wird, kurzum, von angepasster Bürgerlichkeit. Als Direktor des städtischen Gaswerks hatte er ein gutes und gesichertes Auskommen, lebte mit seiner Ehefrau und fünf Kindern in einem geräumigen Haus mit großem Garten und erfreute sich eines hohen Ansehens in der Gesellschaft seiner Stadt. Bad Kissingen, das war ein an der fränkischen Saale gelegener Kurort, der sich durch seine illustren Gäste – von Otto von Bismarck bis zur russischen Zarenfamilie – vor allem in der Zeit vor dem Ersten Weltkrieg in weiten bürgerlichen und adeligen Kreisen einen großen Ruf erworben hatte und bis dahin, verglichen mit den nicht wenigen wahren Elendsgebieten im Reichsgebiet, auch recht ordentlich damit gelebt hatte.

Der greise Reichspräsident Paul von Hindenburg dachte da allerdings ganz anders als Vater Roeder.

Keineswegs bereits so senil, wie ihn nachträglich manche Kommentatoren hinzustellen pflegen, hatte er mit eben jener Nazipartei, die dem Sohn Fritz Roeder so warm zur Wahl empfohlen wurde, nichts im Sinn. Das ungehobelte Auftreten der braunen Horden der SA war ihm genauso zuwider wie deren Anführer, der – wie er sich auszudrücken pflegte – »böhmische Gefreite« namens Adolf Hitler. Dem stand freilich nicht entgegen, dass der ehemalige Generalfeldmarschall seit jeher in seiner ganzen inneren Einstellung nicht nur extrem konservativ dachte, sondern von einer Überwindung der von ihm als unwürdig empfundenen demokratischen Eiertänze träumte. So war er dem Rat seines engsten Küchenkabinetts – an der Spitze der ehrgeizzerfressene General von Schleicher, Chef der Wehrmachtsabteilung im Reichswehrministerium, später selbst für kurze Zeit Reichskanzler und 1934 von den Nazis ermordet – gefolgt und hatte, zwei Tage nach dem Rücktritt der Regierung Müller, Heinrich Brüning mit der Regierungsbildung betraut.

Der neue Reichskanzler war Vorsitzender einer Partei, des erzkatholischen Zentrums, die seit 1919, sogar noch beständiger als SPD und DVP, an allen demokratisch gewählten Reichsregierungen beteiligt gewesen war und dabei vielfältigen Versuchungen widerstanden hatte, der Sehnsucht mancher der sie tragenden Persönlichkeiten nachzugeben und offen auf eine Rückkehr zur monarchischen Staatsverfassung hinzuarbeiten. Tief in seinem Innersten träumte jedoch auch Brüning diesen Traum. Nicht zuletzt deswegen erschien er offensichtlich dem Reichspräsidenten weitaus sympathischer als alle bisherigen Kanzler. Hindenburg selbst aber war ohnehin inzwischen entschlossen, den aus seiner Sicht stets zaudernden und untereinander zerstrittenen Demokraten das Heft des Regierens aus der Hand zu nehmen. In politischer Hinsicht einfältig und sich in seinem Selbstverständnis als kommandierender Offizier über alles Tun von Zivilisten erhaben wähnend, fühlte er sich dazu berufen, endlich wieder Ordnung im deutschen Vaterland zu schaffen. Das Instrument dafür bot ihm die Verfassung – wozu es allerdings eines willfährigen Reichskanzlers bedurfte.

Den hatte er jetzt. Die Verfassung eröffnete dem Reichspräsidenten das Recht, in alleiniger Vollmacht, also am gewählten Reichstag vorbei, eine Reichsregierung einzusetzen. Mehr als das: Gemäß Artikel 48 der Verfassung konnte er Verordnungen, sogenannte »Notverordnungen«, erlassen, die volle Gesetzeskraft hatten, sofern der Reichstag sie nicht ausdrücklich widerrief.

Nachdem er Brüning zum Reichskanzler und mit diesem ein Kabinett eingesetzt hatte, das ausnahmslos aus bekennend rechtsgerichteten Persönlichkeiten zusammengesetzt war, brachte die neue Reichsregierung in schneller Folge eine ganze Serie von Gesetzesvorschlägen in das Parlament ein, die zur Deckung des Staatshaushalts führen sollten. Das Ergebnis war ein wochenlanges Tauziehen unter den demokratischen Parteien über das Für und Wider einer Zustimmung. Im Juli fand es ein Ende, als der Reichstag auf Antrag der SPD – mit Unterstützung einer sich aus Kommunisten, Nationalsozialisten und Deutschnationalen zusammensetzenden Gruppierung von Parteien, die aus ihrer Verachtung für die demokratische Staatsordnung noch nie Hehl gemacht hatten – eine Regierungsvorlage zum Abbau des riesigen Defizits in der staatlichen Arbeitslosenversicherung ablehnte. Hindenburg erließ daraufhin das gleiche Gesetz unverzüglich als Notverordnung. Zwei Tage später hob der Reichstag mit der gleichen Mehrheit die Verordnung wieder auf. Postwendend machte daraufhin der Reichspräsident von seinem in Artikel 25 der Verfassung verbrieften Recht Gebrauch und löste das Parlament auf.

Der auf den 14. September 1930 festgesetzte Wahltag sollte das Ende einer durch parlamentarische Mehrheiten getragenen Regierungsfähigkeit im Deutschland der Weimarer Republik nach sich ziehen. Mit der Unausweichlichkeit einer griechischen Tragödie vollendete sich das anschließende Drama dann am 31. Januar 1933, dem Beginn einer geschichtlichen Katastrophe, die über zwölf lange Jahre hinweg das Geschick ganz Europas und seiner Völker ins Dunkel stürzen sollte.

In der Tat bescherte die Wahl der NSDAP einen in der Geschichte des deutschen Parlamentarismus einmaligen Aufschwung. Bei einer extrem hohen Wahlbeteiligung von 82 Prozent wuchs ihr Anteil von zuvor weniger als drei Prozent auf nunmehr knapp 19 Prozent. Die Zahl ihrer Abgeordneten explodierte von 12 auf sage und schreibe 107 Mitglieder. Zwar führte dies (noch) nicht dazu, dass die Nazis zusammen mit den anderen beiden antidemokratischen Parteien, den Kommunisten und den Deutschnationalen, über eine Mehrheit im Reichstag verfügten, mit der sie jegliche geordnete Regierungs- und Gesetzgebungsfähigkeit lahmlegen konnten. Trotzdem hatte der 14. September 1930 – wie es Hagen Schulze in seiner Schilderung der deutschen Geschichte von 1917 bis 1933 (Deutsche Geschichte, Sammlung Siedler, Berlin 1994) bezeichnet – »eine tiefe Wandlung gebracht. Der grundlegende politische Kampf war bisher um die Frage ›Republik oder Monarchie‹ gegangen. Von jetzt an ging es um Verfassungsstaat oder Nationalsozialismus«. Der Ausgang ist bekannt.

Ob der junge Fritz Roeder dem Rat seines Vaters gefolgt und tatsächlich im Wahllokal seine Stimme für die NSDAP abgegeben hat, bleibt ungeklärt. Zwar hatte er ordnungsgemäß einen Stimmschein beantragt. Wegen der Folgen eines Unfalls lag er jedoch noch im Krankenhaus, und eine schriftliche Stimmabgabe war anscheinend damals noch nicht möglich. Unabhängig davon stimmte er jedenfalls nahtlos mit dem Vater überein. Zuversichtlich vertraute er darauf, dass die nationalsozialistische »Bewegung« (wie man sich selbst zu bezeichnen beliebte) unter ihrem Anführer Adolf Hitler dem ganzen Land und damit auch ihm selbst den Weg in eine glorreiche Zukunft weisen werde. Nicht lange sollte es dauern, bis solche Hoffnung sogar in glühende Begeisterung umschlug. Kaum mehr als zehn Jahre später hatte er dafür zu bezahlen: mit seinem Leben.

Nach dem Besuch der Volksschule war es offensichtlich für seine Eltern selbstverständlich gewesen, dass er seinen weiteren Weg – wie schon zuvor der Vater – nicht etwa auf dem Gymnasium oder später gar auf der Universität fortsetzte. Das wäre nur etwas für die »gehobenen Kreise« gewesen. Dem Sohn eines Gaswerksdirektors gemäß war hingegen eine als kernsolide geltende kaufmännische Ausbildung. Nach einer Lehre in der (womöglich jüdischen?) Kissinger Eisenwarenhandlung Rosenthal und dem Besuch der städtischen Handelsschule in Schweinfurt war er zum Zeitpunkt der Reichstagswahl als Kontorist in einem in der Nähe von Würzburg gelegenen Gaswerk beschäftigt. Um eines Tages vollends die großen Schuhe seines erfolgreichen Vaters ausfüllen zu können, bedurfte es jedoch mehr als nur einer solchen Tätigkeit. Er entschloss sich daher, seine Ausbildung auf der sogenannten Kaufmannsschule in Hamburg fortzusetzen, die er zwei Jahre darauf erfolgreich als »Kaufmannsgehilfe« abschloss. Doch da war er schon längst der NSDAP beigetreten, um als strammer Nazi mit Rückhalt der Partei auf eine erfolgreiche berufliche Karriere zu bauen.

Das schien ihm zunächst auch zu gelingen. Bald nach der »Machtergreifung« durch die Nazis, im Alter von gerade einmal 24 Jahren, avancierte er in Bad Kissingen bereits zum »Politischen Leiter« der KAF, der »Kissinger Arbeitsfront«. 1935 konnte er sich schon »Kreiswalter« der »Deutschen Arbeitsfront« DAF – sprich: der nach der Auflösung der früheren Gewerkschaften durch die Nazis gegründeten gemeinsamen Dachorganisation für Arbeitegeber und -nehmer – nennen. Doch bald darauf wurden alle schönen Hoffnungen durch eine schiere Katastrophe über den Haufen geworfen werden.

Fritz Roeder hatte sich in ein junges Mädchen aus Bad Kissingen namens Hilde Grom verliebt. Im Sommer 1936 sollte geheiratet werden. Das allerdings war leichter gesagt als getan. Die Braut war katholisch, der künftige Ehemann protestantisch. Nach den Regeln der katholischen Kirche schied damit eine kirchliche Trauung aus – es sei denn, dass der Bräutigam bereit wäre, die Konfession zu wechseln. Das wiederum kam für Fritz Roeder nicht in Frage. Schließlich einigte man sich mit den beiden zuständigen Kirchenleuten auf einen Kompromiss: die katholische Kirche erklärte sich bereit, Braut und Bräutigam mit ihrem Segen zu versehen, freilich unter der Bedingung, dass die Abkömmlinge aus der Ehe katholisch getauft würden. Das akzeptierte der Bräutigam, und so wurde das Paar tatsächlich am 18. August 1936 feierlich getraut.

Das erwies sich als schwerwiegender Fehler. Am gleichen Tag erhielt Fritz Roeder mit der Post einen schwarzgeränderten Briefumschlag, darin eine gleichfalls schwarzgeränderte, maschinengeschriebene Trauermitteilung:

»Herzliches Beileid für den heutigen Ereignisreichen Tag. Deine N.S.D.A.P.-Freunde«

Ein Parteigenosse, der in der nationalsozialistischen Partei Karriere machen wollte – und gleichzeitig bereit war, sich um einer rein persönlichen Neigung willen der Knechtschaft der katholischen Kirche zu unterwerfen? Undenkbar!

Die darin zum Ausdruck gekommene Geringschätzung als charakterschwacher Mann sollte in den folgenden Monaten nicht abebben. Im Gegenteil, die Mehrzahl seiner Parteigenossen ließ es ihn jeden Tag neu spüren, dass es mit ihrer früheren Zuneigung vorbei war. Heute würde man sagen: Er wurde gemobbt. Schließlich folgte gar eine Art Zwangsversetzung auf eine untergeordnete Position in Würzburg. Zeitgleich tobte in seiner eigenen, der evangelischen Kirche längst eine bittere interne Auseinandersetzung über ihr künftiges Verhältnis zur Nazipartei. Nicht ohne Erfolg bei einem Teil der Gläubigen versuchte die NSDAP, die sogenannten »Deutschen Christen« von der traditionellen Kirche abzuspalten. Diese wehrte sich mit ihrer Umbenennung zur »Bekennenden Kirche«.

Fritz Roeder war das alles offensichtlich zu viel. Kurzentschlossen trat er Anfang 1937 aus der Kirche aus. Das hatte ein für die Irrungen und Wirrungen der damaligen Zeit bezeichnendes Nachspiel. Der zuständige Pfarrer suchte seine Mutter auf, die ihn offensichtlich überreden sollte, seinen Entschluss rückgängig zu machen. Der Versuch misslang gründlich, indem sich die resolute Frau nicht beirren ließ und dem Geistlichen in lapidaren (auch hier nur unwesentlich gekürzt, aber orthografisch unverändert wiedergegebenen) Worten Bescheid gab:

»… ist er sicher nicht seines Glaubens an Gott wegen ausgetreten; vielleicht nur … Mißverständnisse wegen, hervorgerufen durch verschiedene Predigten oder in der jetzigen Zerißenheit der ganzen evangelischen Kirche. … Einige Herren Ihres Kirchenausschusses möchte ich das Ev. Lucä 18. Vers 9–14 empfehlen«.

Dort heißt es am Schluss: »Denn wer sich selbst erhöht, der wird erniedrigt werden; und wer sich selbst erniedrigt, der wird erhöht werden!«

Zugleich mit dem Austritt aus der Kirche ließ Fritz Roeder seine Karrierehoffnungen in der NSDAP fahren. Stattdessen meldete er sich gleich danach freiwillig bei der Reichswehr. Die Tochter Helga, im August 1937 geboren, wurde zwar unter Einlösung des gegebenen Versprechens noch einige Zeit später katholisch getauft – aber ansonsten hatte der junge Mann inzwischen die Nase voll von allen weltanschaulichen Streitereien. »Führer, Volk und Vaterland« als treuer Soldat zu dienen: so hieß fortan sein Lebenstraum. Der sollte, freilich schneller und anders als gedacht, bald in Erfüllung gehen.

Am 1. September 1939 überfielen die deutschen Truppen das benachbarte Polen, der von Hitler seit jeher erträumte Eroberungskrieg hatte begonnen.

An dem sich anschließenden Eroberungsfeldzug in Polen war der Infanterist Fritz Roeder vom ersten Tag an mit dem unteren Dienstgrad eines Gefreiten beteiligt. Sein Wehrpass weist aus, dass er beim »Vorstoß auf Warschau« und zum Schluss an »Angriff und Verfolgung bis zur Weichsel« eingesetzt war. Für die letzten zehn Tage im September, nach dem Erliegen des letzten militärischen polnischen Widerstandes, ist schließlich ein »Einsatz im rückw. Operationsgebiet in Polen« vermerkt. Wo das war und um was es sich handelte, ist nicht mehr festzustellen.

Gesehen und erlebt hat er aber während des Feldzugs und danach wohl einiges von dem, was viele, allzu viele vergleichbare Zeitzeugen hierzulande bis lange nach Kriegsende nicht wahrhaben wollten. Am Ende, bevor er Anfang November an die Westfront versetzt wurde, kam er jedenfalls zu einem kurzen Heimaturlaub nach Bad Kissingen. Ihre Mutter hat meiner Frau später berichtet, mit welchen Worten er damals seine Erfahrungen und Erlebnissen zusammengefasst hat:

»Hoffentlich ergeht es Euch nicht eines Tages so wie jetzt den Polen.«

Ob er wohl dabei auch an die »Reichskristallnacht« vom 9./10. November 1938 zurückdachte, die er in Würzburg miterlebt hatte? Den Mord eines staatenlosen Mannes namens Herschel Grünspan an einem Angehörigen der deutschen Botschaft in Paris hatten Hitler und Goebbels zum willkommenen Anlass genommen, ihre Horden nicht nur auf die Synagogen und jüdischen Geschäfte, sondern in gleicher Weise nach Belieben auf einzelne Bürger im ganzen Land loszulassen. So war es auch in dem Haus geschehen, in dem die junge Familie Roeder wohnte. Im Stockwerk darüber lebte ein Jude. Bei ihm drangen die Berserker ein und zertrümmerten nicht nur die Einrichtung, sondern zusammen damit seinen Bestand an alkoholischen Getränken, der offensichtlich so groß war, dass der Flascheninhalt durch die Decke in die darunter liegende Wohnung tropfte – während der Wohnungsinhaber in seiner Todesangst aus dem Fenster auf die Straße sprang und irgendwohin davonlief.

Mag sein, dass der junge Vater Fritz Roeder trotz seiner Erfahrungen in Polen noch in blindem Glauben in den Gräuelmärchen gefangen war, die ihm seine angebeteten Anführer über die angeblichen jüdischen Ausbeuter Deutschlands eingebläut hatten. Es gibt auch keinerlei Hinweise darauf, dass er tief in seinem Innersten angefangen haben könnte, unter dem Einfluss seiner eigenen persönlichen Entwicklung zwar nicht an einer glorreichen Zukunft des Deutschen Reichs, wohl aber an den braunen Irrlehren zu zweifeln. Das, was er im Verlauf seines Einsatzes in Polen gesehen und miterlebt hatte, war wohl aber trotzdem nur wenig dazu geeignet, ihn in der Überzeugung zu festigen, dass der

Weg, auf den er sich im Herbst 1930 begeben hatte, zweifelsfrei im Guten enden müsse…

Am »Blitzkrieg« im Westen, als binnen der beiden Monate Mai und Juni 1940 die Niederlande und Belgien militärisch überfallen wurden, das britische Expeditionskorps nach der Einkesselung in Dünkirchen auf die Insel zurückgewichen war und Frankreich die Waffen gestreckt hatte, nahm Fritz Roeder nicht teil. So sehr er auch in der rückwärtigen Stellung seiner Kompanie auf der östlichen Seite des deutschen »Westwalls« und der gegenüberliegenden französischen »Maginot-Linie« einen erneuten Kampfeinsatz herbeisehnte, so sehr musste er sich damit noch ein knappes weiteres Jahr gedulden. Im Anschluss an die Ernennung zum Unteroffizier und »Offiziersanwärter« wurde ihm jedoch während dieser Zeit die Ehre zuteil, an einem viermonatigen Ausbildungslehrgang in der Infanterieschule Döberitz teilnehmen zu dürfen. An dessen Ende standen mit der Beförderung zum Leutnant der Reserve die eigentlichen höheren Weihen: Er war nun vollgültiger Offizier der Deutschen Wehrmacht.

Mag sein, dass der damalige, nun schon zehn Jahre zurückliegende Rat des Vaters, auf die Zukunft der Nazi-Partei zu setzen, angesichts der eigenen persönlichen Erfahrungen im Zusammenhang mit seiner Ehe inzwischen einer gewissen Zurückhaltung gewichen war. Ausdrücklich geäußert hat er sich allerdings dazu nicht. Zudem war er offensichtlich alles andere als ein politisch unabhängiger Mensch, der sich seine eigenen Gedanken machte. Damit unterschied er sich um keinen Deut von der übergroßen Mehrzahl seiner Mitbürgerinnen und Mitbürger. Jetzt jedenfalls zählte für ihn nur noch, dass er Offizier der Wehrmacht und das Land unter seinem unfehlbar großartigen Führer und Feldherrn siegreich an allen Fronten war. Was konnte da einer glücklichen Zukunft entgegenstehen?

Spätestens bei einem kurzen Heimaturlaub in Bad Kissingen wurde freilich deutlich, dass Fritz Roeder eher nachdenklich geworden war, wenn es um sein persönliches Schicksal ging. Es gab einen tränenreichen Abschied, als er im Herbst 1940 zur »Besatzungstruppe« nach Belgien befohlen wurde. Denn längst wusste er um den Preis, der womöglich für die »Erfolge« an der Front zu bezahlen war. Schon nach der Rückkehr aus Polen hatte er für seine Frau etwas aufgeschrieben, was er eigentlich »schon in Polen wollte«:

»Der Kampf an der Westfront« werde »mehr Opfer fordern als der im Osten. Und ich gehöre vielleicht auch dazu… Ich habe mich daran gewöhnt, dem Tod ins Auge zu sehen… Einen Wunsch habe ich: Ich will in der Heimaterde begraben liegen; in Eurer Nähe. Ein Gesuch an das Regiment wird mit Hilfe des Pg. Reinhart die Überführung in die Heimat ermöglichen gegen Erstattung der Kosten.«

Auch die Zeit in Belgien forderte freilich von ihm noch kein solches »Opfer«. Das sollte noch wenige Monate auf sich warten lassen. Welche Aufgaben seine Einheit als »Besatzungstruppe« in Belgien wahrzunehmen hatte und welche Mittel dafür angewandt wurden, ist nicht mehr im Einzelnen festzustellen. Vermutlich handelte es sich um die Sicherung gegen vermeintliche oder wirkliche Sabotageakte. Von gefährlichen Einsätzen blieb Fritz Roeder jedenfalls verschont. Im Gegenteil: Noch im Mai 1941, kurz bevor sein Infanterieregiment 55 zur Vorbereitung des Krieges gegen die Sowjetunion wieder in das besetzte Polen verlegt wurde, kündigte er seiner Frau voller Stolz »ein Päckchen« an mit einem für das Töchterchen gedachten »kleinen silbernen Löffel als erstes Stück der Sammlung«, der »aus Brüssel stammt und echt ist!«, begleitet von Schuhen, wobei er »andere nicht bekommen« habe…

Und seiner älteren Schwester schrieb er im September 1940, voller blindgläubiger Siegesgewissheit, wenn auch nicht ohne düstere Ahnungen, wie es weitergehen könnte:

»Wie lange wir hier liegen, ist unbestimmt. Wir werden wohl von hier aus nach England fahren. Ich hoffe, dass das bald sein wird und in Europa damit der Krieg aus ist. Ob er aber ganz zu Ende ist damit, das ist wohl fraglich. Aber darüber ein andermal mehr. … Was werden die nächsten Wochen bringen? Wie groß wurde Deutschland in diesem Jahr. Hoffentlich bleibt es mir vergönnt in diesem herrlichen Reich noch arbeiten zu können.«

Am 22. Juni 1941 gab Adolf Hitler den Startschuss zum letzten seiner kriminellen Abenteuer, die Millionen von Menschen in ganz Europa Verderben und Tod brachten. Unter erneutem rücksichtslosem Bruch aller internationalen Regeln und Vereinbarungen fiel die deutsche Armee in Russland ein.

Das Infanterieregiment 55 der 17. Infanterie-Division, dem der Leutnant Roeder angehörte, hatte bereits seit dem 29. Mai 1941 in Wartestellung hinter der künftigen Front gelegen. Was folgte, war ein ständiges Marschieren zu Fuß hinter der eigentlichen Front her, die zunächst in unvorstellbarem Tempo durch die vorauseilenden Panzertruppen tief in das angegriffene Land vorangetrieben wurde. »Hitze und Sand«, seien das Schlimmste, berichtet er Ende Juni nach Hause, und »die Schnaken« würden »plagen«, während man »fürchte, dass wir garnicht mehr zum Schuß kommen und nur noch marschieren« müsse. Am 10. August 1941 schrieb er seinen letzten Brief nach Hause, der Feldpoststempel auf dem Umschlag datiert vom 12. August. Inzwi-

schen befand sich seine 1. Kompanie des Infanterie-
regiments 55 bereits nahezu 400 Kilometer jenseits der
deutsch-russischen Demarkationslinie, die das national-
sozialistische und das sowjetische Verbrecherregime
festgelegt hatten, nachdem sie zwei Jahre zuvor das be-
siegte Polen untereinander aufgeteilt hatten. Die Zeit
des unmittelbaren Einsatzes war für Fritz Roeder und
seine Kameraden gekommen.

Vier Tage darauf, unter dem 14. August 1941, schrieb
der Regimentskommandeur an die Mutter meiner Frau:

»Zu meinem großen Schmerzen muß ich Ihnen mit-
teilen, dass Ihr Gatte, der Leutnant Fritz Roeder, den
schweren Verletzungen erlegen ist, die er sich bei einem nächtlichen Angriffsunternehmen seiner Kompanie am 11. ds. Mts. zugezogen hatte. Seine Kompanie hatte den Auftrag, ein von den Russen besetztes
Dorf in Besitz zu nehmen. Hierbei stürmte Ihr Gatte
in heldenmütiger Weise seinem Zuge voran, nachdem
er vor wenigen Tagen erst mit dem Eisernen Kreuz
ausgezeichnet worden war. Ihr Gatte erhielt dabei einen Brustschuß, der ihm sofort das Bewußtsein raubte,
sodass er bis zu seinem Ableben nicht mehr allzu sehr
gelitten haben kann. Nach Mitteilung seines behan-
delnden Arztes schien nach einer Bluttransfusion auf
dem Hauptverbandsplatz eine Besserung seines Be-
findens einzutreten. In der darauffolgenden Nacht ist
er jedoch infolge seines allgemeinen Schwächezustan-

des der Verletzung erlegen. Mit Ihrem Manne verliert das Offizierskorps meines Regiments einen besonders tapferen und allseitig hochgeschätzten Kameraden, dem wir ein bleibendes dankbares Andenken widmen und dessen Erinnerung wir stets in Ehren halten werden. Wenn die Kampflage es erlaubt, werde ich das Grab Ihres Mannes, in einem kleinen russischen Dorf bei Propoissk aufsuchen und einen Blumengruß dort niederlegen. In aufrichtigem Mitgefühl ... reicht Ihnen die Hand Ihr ergebener...«

Noch einmal fünf Tage später teilte der zuständige Oberzahlmeister grußlos mit, dass Fritz Roeder »in Sstruchewo bei Rogi (etwa 80 km südlich von Mogilew) beigesetzt worden« sei und der »Nachlaß, der hier bei Ihrem Gatten vorgefunden wurde«, »beifolgend übersandt« werde, während »der bei ihm vorgefundene Betrag von RM 55.– durch die Post überwiesen« werde. Wann die Witwe das alles erfuhr, weiß man nicht genau. Erst am 6. September 1941 gab sie jedenfalls per Zeitungsanzeige bekannt, dass ihr Mann »im Osten für Führer, Volk und Vaterland« gestorben sei. Sein Grab ist bis heute unauffindbar geblieben, sein Wunsch, »in der Heimaterde beigesetzt« zu werden, blieb unerfüllt.

»Für Führer, Volk und Vaterland« war damit der Weg zu Ende gegangen, auf den sich Fritz Roeder zusammen mit weiten Teilen des deutschen Volks an jenem 16. September 1930 begeben hatte. Millionen anderer unschuldiger Menschen standen freilich noch einmal fast vier weitere schreckliche Jahre bevor.

Können wir heutzutage wirklich ganz sicher sein, dass sich die hier geschilderte Geschichte nicht eines Tages in äußerlich zwar ganz anderer, in ihren Abläufen und Auswirkungen trotzdem durchaus ähnlicher Form wiederholen könnte? »Nie wieder«? Halsstarrig rate ich dazu, den Anfängen zu wehren – und besonders denjenigen Anfängen, die uns kurzsichtige Rattenfänger als Abkehr von vermeintlichen Irrwegen und als Wiederherstellung einer idyllischen Vergangenheit schon wieder anbieten…

Zukunft

Nicht wenige Zeitgenossen sind mir begegnet, die ungebrochen und ohne Zweifel an eine gedeihliche Zukunft der Menschheit glauben. Einzige Voraussetzung: Dass alle (weiblichen wie männlichen) Erdenbürger endlich wieder den Zahlen und Fakten Vorrang geben vor den zerstörerischen Anwandlungen rein intellektueller Spekulationen.

Eher zufällig scheinen die Adepten dieses Zukunftsglaubens mit wenigen Ausnahmen dem männlichen Geschlecht anzugehören. Zudem finden sie sich weit überwiegend in der Zunft der Techniker, der Betriebswirte oder Naturwissenschaftler. Jeglicher Zweifel an der Fähigkeit des menschlichen Geistes, jederzeit Herr des Geschehens zu bleiben, ist ihnen fremd. Nach ihrer felsenfesten Überzeugung fällt es daher auch nicht im Geringsten ins Gewicht, wenn sich die technischen Entwicklungen – »Fortschritte«, wie sie es unverzagt nennen – in zeitlich immer engeren Zyklen überschlagen und zumindest im Detail nur noch für eine zunehmend schrumpfende Zahl von einschlägigen Experten verständlich bleiben.

Warum sollte denn die explodierende Fülle von Informationen, die dem modernen Autofahrer im sogenannten »Cockpit« »angeboten« oder »zur Verfügung gestellt« werden, ernsthaft eine Gefährdung ihrer Fähigkeit bewirken, das Fahrzeug in allen denkbaren Situationen sicher zu beherrschen? Allenfalls können doch derartige Fragen nur noch solche bedauernswerten Zeitgenossen umtreiben, deren Denk-, Erkenntnis- und Handlungsfähigkeiten bei der heutigen Generation – oder gar derjenigen der Omas und Opas – stehengeblieben sind.

Die jungen Menschen von heute wissen längst, mit ihren Smartphones und Tablets, mit ihren darauf laufenden Informationsnetzwerken und deren jeden Tag rapide weiter anwachsenden Spielräumen so selbstverständlich umzugehen, dass ihr normales menschliches Denk-, Handlungs- oder Kommunikationsvermögen – sprich: ihr gesamtes Verhalten – dadurch in keiner irgendwie ernstzunehmenden Weise beeinträchtigt wird. Wenn sie sich auf den Straßen der Großstadt voranbewegen, können sie ihre ungeteilte Aufmerksamkeit ohne weiteres, und ohne besonders auf die anderen Passanten zu achten, auf das Display des Geräts konzentrieren, das sie in der Hand halten. Nicht weniger sicher gelingt ihnen das beim Überqueren des Zebrastreifens auf die andere Straßenseite. Und es macht ihnen einfach mehr Spaß, mit der am Tisch gegenübersitzenden Nachbarin per WhatsApp zu korrespondieren, als mit ihr zu sprechen.

Doch das ist nur der Anfang – die Entwicklung geht unaufhaltsam weiter. In Kürze sollen offensichtlich von Grund auf neue menschliche Wesen Realität werden. Die Automobilindustrie kennt sie schon heute: Die Nutzerinnen und Nutzer des »autonomen Fahrens«.

Bilder und Musik: Wozu sie noch in Alben kleben oder auf irgendwelchen CDs, DVDs oder ähnlichen längst überholten Datenträgern speichern, wo man sie doch jederzeit von irgendeiner Cloud abrufen kann?

Mit der Feder in der Hand schreiben können? Wozu noch solche überholte Mühe? Dasselbe kann man doch fehlerfrei mit der Fingerspitze auf dem Display erledigen! Lesen? Wozu eine solche Zeitverschwendung? Sie ist doch längst durch eingängige bildliche Darstellungen auf dem Schirm ersetzt! Rechnen? Viel schneller und verlässlicher durch den Computer zu bewerkstelligen! Und selbst nachdenken? Na ja, bisher ist es ja leider noch mehr oder minder unvermeidlich, dafür das eigene Gehirn in Gang setzen zu müssen. Lange wird es freilich nicht mehr dauern, bis uns auch das abgenommen und das System dafür sorgen wird, dass die

Antworten auf welche Fragen auch immer verlässlich per WLAN in uns eingespeist werden. Wissen nicht die Algorithmen von »Amazon« oder »Google« schon heute im Voraus, zu welchen Bestellungen wir uns am Ende entschließen werden?

Muße, Besinnlichkeit, zeitraubendes Nachdenken: alles entbehrlich. Der »moderne« Mensch wird endlich von allen solchen überholten Notwendigkeiten befreit sein. Hinfort mit den ewigen Bedenkenträgern, die sich um eine angeblich allein menschenwürdige Gesellschaft sorgen, um eine eingebildete Verantwortung für die nachhaltige Entwicklung! Sie stören nur, denn die Technik wird auch zukünftig für alle Probleme eine Lösung finden. Schließlich stehen wir doch längst an der Schwelle zu einem neuen, zum postgalaktischen Zeitalter. Welcher Blödsinn, da noch die Gefahr einer tödlichen Störung aller für uns lebenswichtigen Systeme durch internationale »Hacker« an die Wand zu malen: Darauf sind wir doch längst ganz und gar »wasserdicht« vorbereitet!

Angela Merkel soll schon vor Jahren sicher gewesen sein, dass »alles digitalisiert wird, was digitalisiert werden kann«. Ob es wohl tatsächlich so kommt? Ich fürchte jedenfalls, dass wir nicht alle gleich sind, dass es niemandem von uns gelingen wird, fehlerlos zu sein. Glück und Zufriedenheit – auf was sollten wir uns

wohl eher verlassen, auf Menschen oder auf eine un-
fehlbare Technik?

»Von Zeit zu Zeit seh' ich den Alten gern« – ver-
kündigt Mephisto. Ob er wohl wirklich das letzte Wort
behalten wird? Warten wir's ab. Er könnte sich geirrt
haben…

Moden

Irgendwann während des Überganges vom 20. zum 21. Jahrhundert muss es geschehen sein. Hierzulande brach eine bis dahin unbekannte Seuche aus. Zuerst befiel sie nur eine (wenn auch nicht kleine) Minderheit. Für jedermann sichtbar trat sie zunächst in Teilen des Gesichts auf. Oft genug breitete sie sich jedoch mit der Kraft eines Tsunami bis weit an den Hals aus, vereinte sich vorn mit den Brusthaaren und erreichte nach hinten die Ohren. Betroffen waren nur männliche Mitbürger. Die Frauen blieben verschont. Für die befallenen Zeitgenossen hat sich bis heute kein wirksames Gegenmittel gefunden. Unbekannt, wie die Krankheit bis zu ihrem Ausbruch gewesen war, trug sie zuerst auch keine – jedenfalls allgemein verbreitete – medizinische Bezeichnung. Das hat sich inzwischen geändert: Die Rede ist von »pestilentia communis barbaricorum«, vulgo: der »gemeinen Bartsucht«. Angespielt werden soll mit diesem Begriff offenbar auf die Kennzeichnung als Barbar, den nicht nur die alten Griechen, sondern auch noch die alten Römer verwendeten, wenn ihnen jemand begegnete, bei dem es sich nach ihrem Verständnis um einen fremden, ganz und gar unkultivierten Menschen handelte.

Freilich blieben auch unsere weiblichen Zeitgenossinnen nicht vom Befall mit einer Seuche verschont. Sie ist nicht minder geheimnisvoll als die gemeine Bartsucht. Der virale Erreger war zwar schon seit längerer Zeit bekannt, aber offensichtlich über eine längere Wegstrecke hinweg »eingeschlafen«. Im Gegensatz zu ihrer männlichen Spielart sprießt diese weibliche Krankheit nicht von innen heraus, sondern wirkt sich als zwanghafte Verunstaltung des eigenen Körpers aus. Nach dem erstmaligen Befall wird die Verstümmelung zwar erst mit jahrelanger Verzögerung sichtbar, doch gleich nach der anfänglichen Infektion mit dem Virus überfällt sie die Patientin mit einer rätselhaften Versuchung.

Im alten, vorkommunistischen China soll ein offensichtlich verwandter Erreger dazu geführt haben, die Füße junger Mädchen durch rigoroses Einschnüren zu verkrüppeln. Das galt als Schönheitsmerkmal und verbesserte die Heiratschancen. Hierzulande wurden dagegen die Frauen ganz plötzlich von einem unwiderstehlichen Drang überfallen, ihre Beine durch das Tragen seltsamer Schuhe zu verlängern. Von Modesaison zu Modesaison wuchsen die Absätze in ungeahnte Höhen, während sie zugleich immer schmaler wurden. Rasant beleben sie auf diese Weise einen offensichtlich neidgetriebenen Wettstreit unter den Trägerinnen – die wohl gleichermaßen von dem Bestreben erfasst werden, möglichst alle Blicke auf sich zu ziehen, wie durch den sportlichen Ehrgeiz, die Grenze herauszufinden, bis zu der man sich noch vorwärts oder rückwärts bewegen kann, ohne das Gleichgewicht zu verlieren und im Krankenhaus zu landen.

Ich habe nicht das Geringste einzuwenden, wenn George Clooney oder vergleichbar attraktive Männer es bevorzugen, mit einem Dreitagebart herumzulaufen. Genauso wenig bekomme ich allein schon deswegen einen Lachanfall, weil mir ein oberbayerisches Mannsbild über den Weg läuft, das meint, seine Männlichkeit durch das Tragen eines sorgfältig gestutzten Vollbarts samt eines sorgfältig gezwirbelten Schnauzers beweisen zu müssen. Noch einmal anders geht es mir, wenn ich nicht mehr umhin kann, vor Neid zu erblassen – etwa dann, wenn mich die wie aus dem Ei gepellte Bartfrisur von Kai Diekmann bewusst macht, wie wenig es doch Laien wie mir ansteht, daran zu zweifeln, dass alles überragende intellektuelle Modernität ganz zwangsläufig mit solcher männlichen Schönheit einhergehen muss.

In der Mehrzahl aller Fälle ergeht es mir freilich durchaus anders. Regelmäßig frage ich mich dann, warum wohl diejenigen, die von der Seuche betroffen sind, beim Blick in den Spiegel nicht auf die Idee kommen, dringend ärztlichen Rat in Anspruch zu nehmen. Nicht selten ekelt mich sogar der Anblick, kaum weniger als derjenige von Bettlern, die mittels äußerlicher Verunstaltungen im Einsatz für einschlägige Bandenchefs um den Zuspruch und die Gaben von mitleidsvollen Passanten buhlen.

Dabei ist die gemeine Bartsucht offensichtlich nicht in allen Kreisen unserer männlichen Gesellschaft gleich stark verbreitet. Manche scheinen weniger anfällig als andere. Persönlicher Wettbewerb um sichtbaren Erfolg, um den Verlauf der Karriere, um materielle Pfründe oder um geschlechtliche Gunst gibt es gewiss in vielen Berufen. Und doch fällt es auf, dass Männer, die erkennbar der Bartsucht verfallen sind, verhältnismäßig selten unter Politikern oder Managern zu finden sind. Regelmäßig – so scheint es – trifft man sie dagegen bei Zeitgenossen, die sich selbst einer gewissen Geisteselite zurechnen und davon überzeugt sind, dies durch ihren Werdegang, ihren vermeintlichen Rang oder ihren überragenden Intellekt belegen zu können. Dazu zählen Wissenschaftler aller möglichen Provenienzen, aber auch Lehrer, Journalisten oder Angehörige sonst welcher Berufsgruppen, die sich für herausragend bedeutsam halten.

Möglicherweise, so denke ich mir, mag diese Anfälligkeit darin begründet liegen, dass sich die meisten von ihnen einem besonders intensiven Wettbewerb mit konkurrierenden Geistern ausgesetzt sehen. Da mag es denn sein, dass der Drang unwiderstehlich wird, bei möglichst vielen öffentlichen Auftritten, vorzugsweise in den Medien, durch Vorzeigen eines furchterregenden – oder durch höchste Friseurkunst legitimierten – Bartwuchses dem Gegner Respekt und der geneigten Öffentlichkeit Ehrfurcht einzuflößen.

Oder könnte umgekehrt das Bestreben dahinterstecken, eigene Probleme, gar Minderwertigkeitsgefühle hinter undurchsichtigen Haarstoppeln zu verbergen? Sozusagen als schützende Maske gegen kritische Blicke, die im Gesicht ihres Gegenüber nach dessen charakterlichen Eigenschaften suchen, nicht zuletzt nach ihrem Mut, offen zu einer eigenen Meinung zu stehen? Oder geht es vielleicht mangels anderer Talente um die Hoffnung, beim anderen Geschlecht mit einem auf diese Weise ausgewiesenen Überfluss an Testosteron zum Erfolg kommen zu können?

Jedenfalls gilt: Erst der Bart macht den Mann zum Mann!

Anders als die männliche Seuche kennt ihre weibliche Parallele kaum vergleichbare gruppenspezifische Unterschiede hinsichtlich der Patientinnen, die befallen werden. Zwar gibt es eine nicht ganz kleine Minderheit, die offenbar immun geblieben ist. Das ist jedoch nicht am jeweiligen Alter, am Beruf, an der Körpergröße, am Herkommen oder sonstigen Äußerlichkeiten festzumachen. Die große Mehrzahl pflegt jedenfalls die zerstörerischen Auswirkungen der Seuche in keiner Weise als eine beschwerliche Last, sondern mit erkennbarem Wohlgefühl hinzunehmen. So wachsen aus fantasievoll ausgestatteten Stiefeletten aller Art, deren knöchelhoher Rand sich, an abgeblühte Tulpen erinnernd, nach außen stülpt, übergangslos enge Jeans empor, so strecken sich über kostbaren ledernen Kunstwerken endlose Beine in die Höhe, bis sie gerade unterhalb ihres durch die Natur vorgegebenen Körperansatzes in ebenso eleganten wie kurzen, als Rock bezeichneten Stoffgebilden ihr Ende finden.

Unterstrichen wird in jedem Falle die unübertreffliche Kunst der Trägerin, sich nicht etwa durch ein von der Natur vorgegebenes Abrollen der Fußsohlen, sondern allein durch das Vorschieben ihres Beckengerüsts im Gleichgewicht zu halten und vorwärts zu bewegen. Hinzu kommt die Erwartung, auf diese Weise nicht nur bewundernde Blicke auf sich zu ziehen, sondern regelmäßig auch noch das freudige Gefühl, mit dem lauten Knallen der Schuhe auf festen Untergrund alle Aufmerksamkeiten auf die attraktive Trägerin zu lenken.

So sehr sich die beiden Seuchen je nach dem Geschlecht, das sie befallen, unterscheiden, so Vieles haben sie freilich auch miteinander gemein. In erster Linie zählt dazu das Scheitern aller bisherigen Bemühungen, ihnen durch Einsatz medizinischer Remeduren, seien sie chemischer oder apparatemäßiger Natur, ernsthaft beizukommen. Vermutlich geht daher die Annahme nicht fehl, dass sie gleichermaßen durch das Bemühen geprägt sind, Eindruck zu schinden und Begehrlichkeit zu wecken.

Genauso, wie sich der Bunttukan aufplustert, um seine Rivalen auszustechen und die Zuneigung des begehrten Weibchens zu erringen, genauso, wie die Kasuarhenne neckische Wasserspiele veranstaltet, um Männchen anzulocken, genauso lebt bekanntlich seit jeher in uns Menschen der Drang, durch unsere äußere Erscheinung das Interesse des jeweils anderen Geschlechts auf uns zu lenken. Und wirkt eine solche Gewissheit nicht insofern beruhigend, als die aufgetretenen Krankheiten vielleicht von selbst wieder verschwinden könnten? Belebt sie nicht sogar die Hoffnung, dass die Menschheit noch lange nicht das Ende ihrer Wegstrecke erreicht haben könnte, den Zeitpunkt, an dem es ihr gelingt, sich endgültig und unwiederbringlich von den Zwängen der Natur freizumachen?

Dann wären ja doch die beiden Seuchen nichts

anderes als ein weiteres Beispiel dafür, dass keiner der jahrhundertelangen Versuche, unsere atavistischen Anlagen durch das Mittel der Vernunft auf der einen, der Zivilisation auf der anderen Seite zu zügeln, uns je dazu befähigt hat, unsere angeborenen persönlichen Begierden und Triebe zu unterdrücken.

Gilt nicht dasselbe auch für die durch die moderne Entwicklung unumkehrbar gewordene Freizügigkeit sexueller Beziehungen, genauso wie für die durch lautstarke Protagonisten zum weltweiten ethischen Allgemeingut beförderte Ausrufung der Gier nach materiellem Besitz zum Garanten für den Wohlstand der gesamten Menschheit? Und muss diese Beobachtung nicht zwingend die Schlussfolgerung nach sich ziehen, dass wir gut beraten wären, uns nicht allein auf unseren – zudem recht unterschiedlich verbreiteten – Verstand zu verlassen, wenn es darum geht, die gegenseitigen menschlichen Beziehungen mit den Mitteln der Vernunft zu regeln? »De gustibus non est disputandum« – über Geschmack lässt sich nicht streiten: Auch das wussten spätestens die alten Römer. Bis heute ist diese Weisheit nicht widerlegt…

Gekrönt worden ist der auf das jeweilige Geschlecht begrenzt gebliebene Befall freilich inzwischen durch eine weitere, eine dritte Seuche. Sie macht keinen Unterschied mehr zwischen weiblichen und männlichen

Opfern. Auch in diesem Fall scheint das Virus, das sie verursacht, resistent zu sein gegen jegliche Versuche der Immunisierung oder gar der Heilung. Bekannt ist sie unter dem Namen »Tattoo-Sucht« – und bei ihr besteht inzwischen kaum noch ein Zweifel, dass es sich um eine veritable Pandemie handelt, also eine Seuche, die bereits große Teile der ganzen Erdbevölkerung befallen hat.

Noch nicht allzu lange ist es her, als man sofort dingfest machen konnte, um wen es sich handelte, wenn jemand seine Haut mit eingebrannten Bildern oder Zeichen verunstaltet hatte: Es musste ein Sträfling oder ein Matrose sein. Das ist vorbei. Inzwischen sind es schon längst nicht mehr nur professionelle Fußballspieler oder leichte Mädchen, die ihre Schönheit und Attraktivität durch allerlei skurrile Einfälle dieser Art unterstreichen. Die Seuche hat mit voller Kraft Mitglieder aller Gesellschaftsschichten erfasst. Wenn auch inzwischen schon wieder eher »aus der Mode«, schien bis vor Kurzem kaum jemand in Frage zu stellen, ob das Tragen eines »Arschgeweihs« damit verträglich sei, die Trägerin als Zugehörige eines zivilisierten, oder gar hoch kultivierten, Kreises von Menschen auszuweisen. Umso sicherer kann man denn auch sein, dass es weitestgehend als Beweis für guten Geschmack verstanden wird, wenn nicht nur die Arme und Beine, sondern möglichst der ganze Körper mit schwarzen, blauen oder bunten Krakeleien bedeckt ist.

Ob es der fortschreitenden Wissenschaft der Medizin je gelingen wird, wirksame Therapien – oder gar Präventivmittel – gegen alle diese Seuchen zu entwickeln? Doch Halleluja: Ich weiß eine überzeugende Erklärung, die alles Forschen nach solchen Hilfsmitteln überflüssig macht. Sie lautet schlicht und einfach: Es handelt sich ja gar nicht um ernsthafte Krankheiten – nein, ich bin nur zu alt, um verstehen zu können, dass es sich doch nur um die Kennzeichen einer modernen Zeit handelt…

Es lebe der unbeschwerte Glaube an die Zukunft der Menschheit!

Führung

Im Englischen – und genauso in seiner amerikanischen Sprachvariante – haftet den Begriffen »Leader« oder »Leadership« nicht der geringste negative Beigeschmack an. Im Gegenteil: »Leadership« wird von Personen, die irgendwo an der Spitze stehen, ob in einer Kirche, einem Museum, einer Gewerkschaft oder selbstverständlich auch in der Politik, nicht nur erwartet, sondern verlangt. Und niemand kommt auf die abstruse Idee, sogleich an eine diktatorische Gängelung zu denken, wenn im House of Commons an der Themse vom »Leader of the Majority« berichtet wird.

Ganz anders bei uns. Schnell erklingen alle Alarmglocken, sobald von »Führung« oder gar einem »Führer« die Rede ist. Auf dem Hintergrund unserer Geschichte ist das nicht nur verständlich, sondern allemal angebracht. Dennoch sollten wir aufpassen, denn hinter dieser nur vordergründig auf den reinen Sprachgebrauch begrenzten Unterscheidung zwischen dem englischen und dem deutschen Sprachraum verbirgt sich ein gewichtiges Problem.

Es wird deutlich, wenn wir die noch bis vor kurzem völlig unvorstellbare Komplexität der Gesellschaftsstrukturen in unserer modernen, durch den Fortschritt der Globalisierung, der Digitalisierung und des Internets geprägten Welt in den Blick nehmen: Die im Werden begriffenen neuen Strukturen unterscheiden sich nämlich grundlegend von denjenigen, die noch bis weit in die zweite Hälfte des 20. Jahrhunderts hinein die allgemeine Vorstellung bestimmt haben. Wir erleben, mit einem Wort gesagt, eine wahrhaft revolutionäre Umwälzung.

Gewiss grob, aber mit Sicherheit nicht falsch formuliert, haben wir allesamt noch bis vor kurzem mit einer tief verwurzelten Sehnsucht nach festgefügten Hierarchien gelebt. Sie betraf die gewohnte Verteilung sowohl von Wohlstand als auch von Bildung. Gerade unter denjenigen, denen durch ihre Geburt zunächst der Zugang zu solchen gesellschaftlichen Hierarchien verwehrt schien, die sich also gegen die damit verbundenen Widrigkeiten »nach oben« kämpfen mussten, stellte sie kaum jemand in Frage. Vielmehr träumte man ganz selbstverständlich davon, dass es einem durch einen Aufstieg »nach oben« gelingen werde, einen dauerhaft gesicherten Zugang zu materiellem und geistigem Wohlstand, Sicherheit und für sich selbst und auch noch für die eigenen Nachkommen zu erreichen.

Anders ausgedrückt: Trotz ihrer grauenhaften Auswirkungen auf das Schicksal so vieler Menschen hatten weder die beiden Weltkriege noch der sich anschließende Kalte Krieg die nie verloren gegangene Hoffnung auf eine in sich stabile Gesellschaftsordnung in Frage gestellt, das Vertrauen, dass ohne einen allzu weit gehenden Umsturz des Althergebrachten irgendwann wieder eine friedliche Zukunft in Aussicht stehe, die – vor allem anderen – eine berechenbare und sichere Grundlage für die eigene Lebensplanung ermöglichen werde.

Mag sein, dass sich viele (oder sogar die meisten) Anhänger der sogenannten 68er-Generation empört abwenden, wenn ich behaupte, dass diese Einstellung selbst ihnen nicht fremd war. Gewiss hingen sie gern der Illusion an, die nach dem Krieg wiedererstandene, zutiefst bürgerliche Gesellschaftsordnung umstürzen zu können, ja: teilweise verirrten sie sich dabei auch auf die schrecklichen Wege der RAF. Doch wer ihre weiteren Lebensläufe betrachtet, wird kaum die Augen vor der Feststellung verschließen können, dass auch sie nahezu ausnahmslos wieder von den alten Vorstellungen eingeholt worden sind. Joschka Fischer steht dafür als leuchtendes Beispiel.

Das alles ist jetzt vorbei. Einer der Begriffe, mit denen neuerdings versucht wird, den eingetretenen grundlegenden Wandel zu beschreiben, spricht gern von der »Generation ICH«, die daraus hervorgegangen sei. Gewiss laufen derartige Modebegriffe durch ihre Vereinfachung regelmäßig Gefahr, Missverständnisse und Fehlinterpretationen zu verursachen. In diesem Fall verbirgt sich jedoch mit Sicherheit eine bedenkenswerte Wahrheit dahinter. Ausgehend von der bis vor nicht allzu langer Zeit zumindest unterschwellig verbreiteten Zuversicht auf in sich stabile Gesellschaftsstrukturen, die wenigsten ein Mindestmaß an Sicherheit und Geborgenheit gewährleisten, zielt die Metapher darauf, dass fortan nur noch diejenigen darauf rechnen dürfen, die rücksichtslos ihre Ellenbogen ausfahren und nur den eigenen Vorteil im Sinne haben. »Selbst ist die Frau/der Mann« – so soll von nun an das alles andere überragende Lebensmotto lauten!

Helmut Schmidt hat während seiner Amtszeit einmal mit der ihm eigenen Verve verkündet, es gehöre nicht zu den Aufgaben des deutschen Bundeskanzlers, geistige Führung auszuüben. Im Gegensatz dazu hat sein Nachfolger Helmut Kohl seine erste Amtszeit unter den Anspruch gestellt, eine »geistig-moralische Wende« herbeiführen zu wollen. Wie verhält es sich also wirklich – brauchen wir heutzutage, im Zeitalter der Globalisierung und des Internets, »geistige Führung«, etwa mit der Zielrichtung auf eine neue »geistig-moralische« Grundlage für unsere moderne Gesellschaft?

Meine Antwort lautet: Vorsicht und nochmals Vorsicht!

Gewiss: Wer könnte die vielfältigen Rufe nach einer »Neubesinnung« auf unsere vermeintlich gefährdeten Gesellschaftsstrukturen und die ihnen zu Grunde liegenden Wertvorstellungen überhören, die allenthalben ertönen? Hier bei uns erleben wir sie hörbar genug, wenn sich jüngst Tausende von offensichtlich tief verunsicherten Menschen in Dresden (und anderswo) immer wieder irgendwelchen Rattenfängern anvertraut haben, um als »Patriotische Europäer gegen die Islamisierung des Abendlandes« (PEGIDA) die westliche Gesellschaftsordnung und die ihr zugrunde liegenden Wertvorstellungen zu bewahren und zu schützen. Andernorts bedienen bereits wohlbestallte politische Organisationen – wie der »Front National« in Frankreich oder die UKIP in Großbritannien – in ähnlicher Weise das diffuse Bedürfnis nach einer Wiederbesinnung auf vermeintlich bewährte gesellschaftliche und moralische Grundwerte vergangener Zeiten, in den USA schlägt es sich durchaus furchterregend im Wirken des als »Tea Party« bekannten Flügels der Republikanischen Partei nieder. Und weit über die Grenzen der sogenannten

»westlichen Welt« hinaus bewirkt der offensichtlich nicht mehr aufzuhaltende Trieb der Menschen in die immer größer werdenden städtischen Zusammenballungen das Seine zu dem verbreiteten Gefühl bei, nirgendwo mehr verwurzelt zu sein – vielmehr allein gelassen, verlassen zu sein…

Unübersehbar verbirgt sich hinter allen solchen Entwicklungen eine offenbar tief verwurzelte Sehnsucht nach Zugehörigkeit zu einer Gemeinschaft, die sich ohne Zaudern und entschlossen zu vermeintlich verlässlichen gesellschaftlichen Grundwerten bekennt. Zugleich aber ist sie verbunden mit einer anderen, einer ebenso tief in den Menschen angelegten Sehnsucht: der Sehnsucht nach einer Wiederkehr verlorengegangener Führung, die vor unerwünschtem Wandel bewahrt und damit innere Geborgenheit sicherstellt. Gekleidet in ein modegerechtes Gewand sind es die gleichen Wunschträume, die einstmals das Aufkommen des Faschismus ausgelöst haben. Die Folgen sind bekannt.

Natürlich wäre es ganz und gar unzulässig, solcherart nach »Führung« dürstende Sehnsüchte mit so schrecklichen Verirrungen wie dem dschihadistischen IS-Kalifat oder mit der genauso verbrecherischen Al-Kaida gleichsetzen zu wollen. Doch wenn wir für einen gedanklichen Augenblick deren aus Geisteskrankheit und

Verbrechenslust entstandene Begleiterscheinungen bei-
seitelassen: Wodurch und worin unterscheiden sich
eigentlich die in der westlichen Welt vermehrt zu ver-
zeichnenden Rufe nach einer erneuerten »geistig-mora-
lischen Führung« wirklich von jenen immer wieder-
kehrenden Versprechungen im arabisch-islamischen
Raum, die den dortigen Menschen himmlisches Heil in
Aussicht stellen? Geht es nicht in Wirklichkeit in beiden
Richtungen um eine tiefe Verunsicherung der Menschen, die in den Wirrungen der modernen Zeit inneren Halt und verlässliche Geborgenheit herbeisehnen?

Das Problem, das sich hinter einer derart nach-
denklichen Frage verbirgt, ist gewiss zu komplex, um
sich an allzu einfachen Patentlösungen zu versuchen.
Naives Vertrauen darauf, dass sich letzten Endes doch
die angeborene Fähigkeit der Menschen zur Vernunft
sozusagen von selbst, also auch ohne ständiges Bemühen darum, durchsetzen werde, führt jedenfalls genauso
in die Sackgasse wie die Hoffnung auf eine – wie auch
immer geartete – »Führung«. Das wird an zwei Beispielen deutlich, die sich zum einen auf die ganz prak-
tische Seite des täglichen Lebens, zum anderen auf
den Versuch eines übergreifenden Ansatzes beziehen.

Lange Jahre ist Heinz Buschkowsky als Bürgermeis-
ter für die Geschicke des bekannten Berliner Stadtbe-
zirks Neukölln verantwortlich gewesen. Wiewohl unter

anderem wegen seines gelegentlich nicht gerade zart-
fühlenden Auftretens alles andere als unumstritten, hat
er sich in dieser Zeit zweifellos große Verdienste um
das Zusammenleben von Mitbürgerinnen und Mit-
bürgern sehr unterschiedlicher Herkunft erworben. Kurz
bevor er sich unlängst aus seinem Amt zurückzog, meinte er dennoch, mit einem deutlich warnenden Unter-
ton darauf aufmerksam machen zu müssen, dass »auf
(der) Donau- und Karl-Marx Straße eindeutig klassisch
traditionell muslimische Kleidung, sprich: Verschleie-
rung« dominiere, sodass er sich frage: »Auf welchem
Weg sind wir?« Und er berichtet von einer Grund-
schule, an der »ein Elternzentrum gebaut (wird), Kosten
und Mühen nicht gescheut. Der einzige Mangel …:
Es sind keine Eltern da. Keinen halben Kilometer entfernt steht die salafistische Al-Nur-Moschee. Die haben auch ein Elternzentrum – und das ist … brechend
voll. Sie haben auch eine Koran Schule mit 400 Plät-
zen, die ebenfalls täglich bis auf den letzten Platz be-
setzt ist. Das macht mir Sorgen … Eine Gesellschaft
kann nicht einfach dasitzen und zugucken … Wir sind
kein Gottesstaat.« (In der Zeitschrift »Der Hauptstadt-
brief« 12/2014)

Das zweite Beispiel ist kürzer und noch weit bedrü-
ckender. Es lautet: Barack Obama. Wer könnte schon
vergessen, welche Inbrunst sich hinter der Parole »Yes,

we can« verbarg, mit der er seine erste Amtsperiode als amerikanischer Präsident begonnen hat. Es war die Überzeugung, dass mit dem Vertrauen in den guten Willen der Menschen Berge versetzt werden können. Inzwischen lautet, wie ich fürchte, das Resultat seiner Präsidentschaft unübersehbar anders: Es ist das Gefühl einer tiefen Enttäuschung, ja der Resignation.

Dass Kreuzzüge aller Art, ob mit oder ohne Waffe in der Hand, als Heilmittel gegen die Versuchungen der modernen Zeit ungeeignet sind, werden wir an anderer Stelle noch sehen. Ohne jede Einschränkung gilt jedoch dasselbe auch für die Sehnsucht so vieler Menschen nach geistiger Führung – zumindest dann, wenn dies mit einer Art von Vorgabe durch ein höheres Wesen verwechselt werden sollte.

Freilich gibt es ein zentral wichtiges Teilgebiet unseres menschlichen Wirkens, das vor allem bei eher außenstehenden Beobachtern durch ein fundamentales Missverständnis geprägt ist. Dieses besagt, dass ohne unmissverständliche und unbeirrbare Führung durch eine solche Art von Übermenschen alle Mitwirkenden zum Misserfolg verdammt seien. Die Rede ist von weiten Teilen der privaten Wirtschaft. Schon lange vor dem Beginn des durch Digitalisierung und Globalisierung gekennzeichneten revolutionären Wandels hat sich nämlich dort die ursprünglich aus den USA kommende Auffassung eingenistet, dass es für den Erfolg alleinentscheidend auf eine einzige Persönlichkeit und deren Führungsfähigkeit ankommt: die oder den »CEO«, Akronym für »Chief Executive Officer«.

Uneingeschränkt gilt das zwar nur für die großen an den Börsen notierten Aktiengesellschaften. Zumindest in Deutschland sind sie für das wirtschaftliche Wohl und Wehe bei weitem nicht so bedeutsam wie die unzähligen mittelständischen Familienunternehmen, die überwiegend durch ein gänzlich anderes, auf das langfristige Gedeihen des Unternehmens gerichtetes Denken geprägt sind. Doch letzten Endes wird das Idealbild unternehmerischen Wirkens in der breiten Öffentlichkeit eben doch durch die größten börsennotierten Gesellschaften – hierzulande die »DAX-Unternehmen« – geprägt. Und zumindest weit überwiegend ist diese Sicht mit der Überzeugung verbunden, dass sich der Wert eines Unternehmens für seine Eigentümer ausschließlich an dem Kurs bemisst, mit dem seine Aktien an der Börse notieren.

Für solcherart Aktionäre liegt es offensichtlich nahe, einem »Chef« – am liebsten sowohl in Außendarstellungen wie im Innenverhältnis gern als »Boss« tituliert – das alleinige Verdienst und damit eine bewundernswerte Führungskraft zuzusprechen, wenn es ihm oder ihr gelingt, ihr Vermögen erfreulich zu vermehren – und sie oder ihn zum Teufel zu jagen, wenn das Gegenteil eintritt. Entsprechend ist es in den Kreisen derjenigen, die sich mit einer für sie charakteristischen Mischung aus Dummheit und Selbstüberschätzung einbilden, die einzigen zu sein, die sich in der Finanz- und Vermögenswelt wirklich auskennen, sprich: vor allem in den Medien, üblich geworden, jeweils von Kapitalvermehrung oder Kapitalvernichtung zu faseln. In Wahrheit verbirgt sich freilich hinter solchen Überzeugungen eine ganz und gar einseitige Betrachtung, um nicht zu sagen: eine grundlegende Fehleinschätzung: Verwechselt werden die kurzzeitigen Vermögenswerte der einzelnen Aktionäre mit dem dauerhaften Wert des Unternehmens – und beide können im Laufe der Zeit um Lichtjahre auseinanderlaufen.

Diese grundlegende Diskrepanz hängt unauflöslich mit einem Verständnis von »Führung« und deren leibhaftige Verkörperung in einem »Chef« zusammen, das offensichtlich vor allem in manchen europäischen Gesellschaften – und nicht zuletzt bei uns in Deutschland – auf fruchtbaren Boden gefallen ist. In den USA, von wo aus die Irrlehre ursprünglich ihren Weg um die Welt angetreten hat, ging und geht es hingegen – ganz im Sinne der dort traditionell auf individueller Freiheit und demokratischer Mehrheitsentscheidung beruhenden Grundeinstellung – lediglich, und sehr viel einfacher, um das Verständnis von »Führung« im Sinne von »Leadership«.

Mit anderen Worten: Der oder die CEO ist dort keine unnahbar abgehobene Person, sondern jemand, der durch mich, den einfachen Aktionär, eben auch jeden Tag wieder davongejagt werden kann. Diese Einstellung hat sich inzwischen in der außeramerikanischen Unternehmenswelt mehr oder minder herumgesprochen. Jenseits dieser Welt der Wirtschaft und Finanzen träumt trotzdem – sowohl hier bei uns in Europa als auch in weiten Teilen der Erde – unverändert eine allzu große Zahl von Menschen im Sinne eines Heilands immer noch von der Wiedergeburt eines wahren »Führers«, der durch seinen Mut und seine Selbstlosigkeit für das allgemeine Wohl sorgt.

Die Grundwerte von Freiheit und Demokratie sind da schnell vergessen. Ersehnt wird das, was Alexander Kluge einmal als »rigide Willenskraft« bezeichnet hat, als die Fähigkeit eines einzelnen, seinen Willen mit unerschütterlicher Überzeugung gegen alle Widerstände, und seien sie noch so mächtig, durchzusetzen (»Wer ein Wort des Trostes spricht, ist ein Verräter«, Suhrkamp, Berlin 2013). Die Formulierung betraf den Admiral von Tirpitz, der im damaligen deutschen Kaiserreich entgegen aller Warnungen und Widerstände rücksichtslos die Aufrüstung der deutschen Kriegsmarine durchdrückte, obwohl zweifelsfrei abzusehen war, dass dies zu einer kriegerischen Auseinandersetzung mit Großbritannien führen musste. Die Folgen sind bekannt.

Wenn also tatsächlich erreicht werden soll, dass die Antwort auf die grundlegende Unsicherheit, die rund um die Erde Milliarden von Menschen verspüren, nur lauten kann, auf die Wertvorstellungen der Aufklärung und der Vernunft zu vertrauen, wenn dies aber eben nicht durch einen Heiland, sondern nur durch unser eigenes menschliches Wirken gelingen kann – wie und durch wen könnte dann überhaupt eine gute Zukunft gesichert werden, auf die Verlass ist?

Die Auflösung dieses Dilemmas, die ich anzubieten habe, mag zumindest auf den ersten Blick naiv, ja blauäugig, und deshalb allzu einfach klingen. Nicht wenige, die ihr überlegenes Wissen entweder in zynischer Überheblichkeit oder mit gütiger Herablassung auszudrücken pflegen, werden sie daher auch kurzerhand als Meinung eines ungebildeten Laien abtun. Ich bin trotzdem fest davon überzeugt, dass wir alle gemeinsam auf Persönlichkeiten hoffen müssen, die nicht über irgendeine Befehlsgewalt, sondern über die Gabe verfügen, glaubwürdige Autorität auszustrahlen. Das gilt nicht nur bei uns im sogenannten »Westen«, sondern es gilt in allen Teilen unserer Erde: nämlich überall dort, wo unsere Mitmenschen zutiefst verunsichert nach Anleitung suchen, auf welche moralischen und ethischen Grundwerte sie ihr Leben aufbauen sollen und dürfen.

Zu allererst gesucht ist also tatsächlich die Fähigkeit zu geistiger Führung. Mit der Art von »Führung«, wie sie uns im Zusammenhang mit der Welt der Wirtschaft hie und da begegnet ist, hat eine solche Eigenschaft allerdings nicht das Geringste gemeinsam. Auf den Punkt gebracht geht es vielmehr um das Denken und Handeln von Persönlichkeiten, denen es gegeben ist, ihren Mitmenschen als Vorbild zu dienen.

Sie mögen auf den verschiedensten Gebieten Verantwortung tragen, als (weibliche oder männliche) Wissenschaftler, als Künstler, als Träger religiöser Ämter oder als Politiker – zwingend allerdings unter der Voraussetzung, dass ihr Wirken erkennbar auf das Empfinden der Menschen ausstrahlt. Unverzichtbar ist dabei der Mut, offen und ehrlich die ethischen und moralischen Grundlagen, die das Zusammenleben der Menschen in einer unwiderruflich hautnah aneinandergerückten Welt bestimmen sollten, nicht nur zu benennen, sondern glaubhaft vorzuleben.

Die Bereitschaft zum leidenschaftlichen Streit darüber gehört selbstverständlich jedenfalls immer dann dazu, wenn es im Tagesgeschehen darum geht, Lösungen für einzelne Probleme vorzuschlagen und durchzusetzen – weit wichtiger noch aber ist eben die Glaubwürdigkeit, dass es den jeweiligen Protagonisten nicht um ihre eigenen persönlichen Vorteile, sondern um das gemeinsame Wohl aller geht.

Um mich nicht dem Vorwurf auszusetzen, dass es sich dabei um nichts als hehre Anforderungen handele, die in Wirklichkeit auf einen unerfüllbaren Traum hinausliefen, will ich mich zum Schluss auch noch gern der Herausforderung stellen, an einigen herausgegriffenen – aber durchaus aktuellen – Beispielen aus den Reihen der bisherigen deutschen Regierungschefs Ross und Reiter zu nennen.

Da wäre zunächst einmal Helmut Kohl. Niemand wird bezweifeln wollen, dass ihm geschichtliche – wenn auch sicherlich nicht, wie er selbst es gern darzustellen beliebt, zusammen mit dem amerikanischen Präsidenten Bush sen. die alleinigen – Verdienste um die deutsche Wiedervereinigung zukommen. Ebenso unbestreitbar ist, dass er entscheidend zum Zustandekommen des Vertrages von Maastricht und damit zum Zusammenwachsen Europas beigetragen hat. Doch hat er in seiner 17jährigen Amtszeit als Bundeskanzler wirklich irgendwelche bleibende Spuren hinterlassen, die unsere Gesellschaft geprägt haben? Ist von ihm irgendetwas zurückgeblieben, was er zu Beginn als »geistig-moralische Wende« herbeigerufen hatte?

Ich denke, die Antwort lautet klar und deutlich: Nein. Denn im Grunde wurde zwar jede Frau und jeder Mann täglich neu darüber belehrt, dass für Helmut Kohl durchaus irgendwelche »abendländische Werte« wichtig seien. Ein großer Wurf, der sein politisches Wirken als dauerhafte Grundlage leitete, wurde jedoch zu keinem Zeitpunkt erkennbar. Gewiss mag die Bemerkung boshaft erscheinen: aber im Kern blieb er bis zum Schluss das, was ihn vom Anfang seiner politischen Laufbahn an gekennzeichnet hatte, nämlich ein zutiefst in seinen provinziellen Wurzeln verhafteter Mann, dem es in allererster Linie – und notfalls auch mit einem zugedrückten Auge – um den Erhalt seiner eigenen und der Macht seiner Partei ging.

Das freilich kann man von Kohls (angeblich) großem Vorbild, Konrad Adenauer, mit Sicherheit nicht sagen. Gewiss gab und gibt es unzählige gewichtige Stimmen, die sein Wirken nicht nur in einer Hinsicht äußerst kritisch beurteilen. Dazu zählt seine immer wieder bewiesene Einstellung, auf jegliche ernsthafte Bemühung zu verzichten, das geistige Erbe des untergegangenen Naziregimes aufzuarbeiten, um stattdessen eine zutiefst angepasste, grundlegend unkritische – eher an die vergangenen wilhelminischen Zeiten erinnernde – Gesellschaftsstruktur wiederzubeleben. Doch ändert eine solche, nach meiner Überzeugung mehr als berechtigte Wertung nichts daran, dass den ersten Bundeskanzler durchaus jene Fähigkeit zur geistigen Führung auszeichnete, von der hier die Rede ist.

Unter anderem gilt das übrigens auch für die Entschiedenheit, mit der er – für jedermann erkennbar – gegen die massiven Widerstände rückwärtsgewandter Industrieller eine moderne Mitbestimmung der Arbeitnehmer in den Wirtschaftsbetrieben durchgesetzt hat (die nicht wenig zu der einzigartigen wirtschaftlichen Erfolgsgeschichte der Bundesrepublik beitragen sollte). Es gilt aber vor allem für die unbeirrbare und in jedem Augenblick für die gesamte Bevölkerung erkennbare Entschlossenheit von Konrad Adenauer, die neu entstandene Bundesrepublik in die Gemeinschaft der freien und demokratisch organisierten Nationen des Westens zu führen und dort unwiderruflich einzubinden.

Man mag, wie gesagt, die gesellschaftspolitischen Folgen und Auswirkungen dieser Ära beurteilen wie man will. Zu Recht mag man auch an die Verdienste von Ludwig Erhard als damaligem Bundeswirtschaftsminister (nicht hingegen als späterem Bundeskanzler) erinnern, die zweifellos maßgeblich zu der verbreiteten Stimmung beigetragen haben, dass man sich in der damaligen politischen Führung wohl aufgehoben fühlen konnte. Und schließlich wäre es unentschuldbar, zu

vergessen, dass Konrad Adenauer politische Kontra-
henten vom Format eines Kurt Schumacher oder später eines Fritz Erler gegenüberstanden, die den Bundeskanzler und seine Ziele immer wieder von neuem
herausforderten. Das alles trifft zu. Die Feststellung,
dass die über 14 Jahre andauernde Amtsperiode von
Konrad Adenauer zumindest so lange, bis zum Ende hin
die Kräfte nachließen, durch einen deutlichen Willen
(und zusammen damit die Fähigkeit) zur politischen
Führung gekennzeichnet war, bleibt.

Vermutlich fiele einer übergroßen Mehrheit spon-
tan ein Name ein, würde heutzutage durch eine breite
Meinungsumfrage nach Beispielen für eine solche Fähigkeit zu geistiger politischer Führung aus der deutschen Nachkriegsgeschichte gefragt: Willy Brandt. Der
Kniefall vor dem Mahnmal für das Warschauer Ghetto,
der Satz aus seiner ersten Regierungserklärung: »Wir
wollen mehr Demokratie wagen«, der verbreitete Jubel
nach der gewonnenen »Willy-Wahl« von 1972 – wer
hätte bei solchen Erinnerungen noch Zweifel daran,
dass hier ein Mann in der politischen Spitzenverant-
wortung gestanden hat, der durch sein Herkommen
und seine Haltung genau jenen Mut und jene Glaubwürdigkeit verkörperte, denen man sich anvertrauen
durfte? Doch war das wirklich so – oder nur ein schöner
Traum?

Meine Antwort darauf werde ich offenlassen. Die Frage gehört in einen anderen Zusammenhang, weil es hier nicht darum geht, ob die persönliche Ausstrahlung von Willy Brandt – und sein untrennbar damit verbundenes Charisma – ihren Niederschlag tatsächlich in einem entsprechend belegten Handeln gefunden haben. Herbert Wehner war bekanntlich nicht der einzige seiner Parteifreunde, die daran zweifelten. Das muss letzten Endes die Historikerzunft unter sich ausmachen. Hier geht es nur darum, festzustellen, dass Willy Brandt durchaus – nicht anders als Konrad Adenauer, wenn auch inhaltlich grundlegend verschieden – als Bundeskanzler den Willen und die Fähigkeit zur Führung bewiesen hat, indem seiner Politik geistige und moralische Wertvorstellungen zugrunde lagen, die für die breite Mehrheit der Bevölkerung klar erkennbar waren und in die sie vertraute.

Klare Entscheidungen haben sowohl Gerhard Schröder als auch Angela Merkel gleichfalls während ihrer Amtszeit getroffen. Gerhard Schröder hat nicht gezögert, sich mit deutlichen Worten dem Ansinnen von George W. Bush zur Beteiligung der Bundesrepublik an dessen irakischem Kriegsabenteuer zu verweigern und damit eine eiszeitähnliche Abkühlung der traditionell freundschaftlichen deutsch-amerikanischen Beziehungen in Kauf zu nehmen – und er hat mit der

Durchsetzung der sogenannten »Agenda 2010« die Voraussetzungen dafür geschaffen, dass sich unser Land von einem der schwersten wirtschaftlichen Rückschläge der Nachkriegsgeschichte in einer Weise erholen konnte, dass es inzwischen zum unangefochtenen Primus in der Gemeinde der europäischen Staaten werden konnte. Angela Merkel hat den Mut zu einer wahrhaften Jahrhundertentscheidung aufgebracht, indem sie nach dem dramatischen Unfall von Fukushima gegen alle Widerstände den endgültigen Ausstieg aus der Atomenergie und damit die Energiewende durchgesetzt hat.

Ich bestreite sowohl der gegenwärtigen Bundeskanzlerin als auch ihrem Vorgänger in keiner Weise, dass sie mit ihren Entscheidungen Geschichte geschrieben haben. Doch ich bin nicht bereit, diese unbezweifelbaren Verdienste mit dem Nachweis einer dauerhaft wirksamen Führungsfähigkeit zu verwechseln: Bei all diesen Weichenstellungen, so mutig sie auch waren, handelte es sich bloß um die ganz und gar pragmatische Reaktion auf unmittelbar anstehende, ebenso unerwartet wie plötzlich aufgetretene Probleme und deren Lösung – nicht aber um Entscheidungen, die sich zwingend und für jedermann erkennbar aus einer grundsätzlichen, moralisch getragenen politischen Linie der jeweiligen Regierung ergaben.

Irgendwann – ich weiß es nicht mehr genau – habe

ich mir ein Zitat aufgeschrieben, das von Otto von Bismarck stammen soll: »Der Staatsmann gleicht einem Wanderer im Walde, der die Richtung seines Marsches kennt, aber nicht den Punkt, an dem er aus dem Forste heraustreten wird.« So verstanden muss man Angela Merkel zweifellos eine souveräne Meisterschaft zugestehen. Aber darf man wirklich in einem demokratischen Staatswesen, wenn es um grundlegend wichtige Fragen geht, die Menschen im Dunkeln des Waldes führungslos lassen – und ihnen zumuten, darauf zu vertrauen, dass die Bundeskanzlerin schon weiß, wann sie »aus dem Walde heraustreten« soll?

Worauf ich damit hinaus will, wird am nun schon jahrzehntelang andauernden Ringen der europäischen Nationen um ihre politische und wirtschaftliche Vereinigung deutlich. Helmut Schmidt hat während seiner Amtszeit in dieser für unsere Zukunft entscheidend wichtigen Frage nie einen Zweifel daran gelassen, welche langfristige Zielsetzung seiner Politik zugrunde liegt. Vielmehr hat er offen und mit begründeten Argumenten dafür gekämpft und sie auf diese Weise gegen alle innen- wie außenpolitischen Vorbehalte und Widerstände verteidigt. Wohl mag es sein, dass er auch auf diesem Gebiet manches Mal als barscher Lehrer missverstanden, als Inbegriff eines deutschen Feldwebels beschimpft wurde: Niemand hat ihm je ernsthaft seine politische Führungsfähigkeit abgestritten, weil sie auf dem Mut zur Klarheit und auf persönlicher Glaubwürdigkeit beruhte.

Angela Merkel hingegen mangelt es sicherlich zwar gleichfalls nicht an persönlicher Glaubwürdigkeit – wohl aber am Mut zur Klarheit, wenn es um Themen geht, von denen sie weiß, dass sie in der Bevölkerung grundlegend umstritten sind. Am Verlauf der dramatischen europäischen Krise im Zusammenhang mit der Zukunft Griechenlands ist diese Eigenheit der Bundeskanzlerin jeden Tag deutlicher geworden: Zähes Abwarten, sich so lange wie möglich nicht festlegen, in endlosen Nachtsitzungen um die Lösung von Detailfragen ringen, sich nicht aus der Ruhe bringen lassen: alles das beherrscht sie in seltener Perfektion. Doch wenn es um das Gespür dafür geht, wann das tägliche Tauziehen ein Ende haben und allen Beteiligten – den Verhandlungspartnern wie der eigenen Bevölkerung – klar und deutlich gesagt werden muss, wie die eigenen Vorstellungen vom künftigen Europa eigentlich aussehen: Stillschweigen!

In der Wolle gefärbte Politprofis pflegen freilich sofort einzuwenden, dass niemand, der Wahlen gewinnen wolle, so dumm sein könne, die Wahlbevölkerung mit allzu umstrittenen oder gar erwiesen unpopulären Vorhaben zu konfrontieren. Es mag ja sein, dass sie tatsächlich derartige Erfahrungen machen mussten. Aber könnte es nicht umgekehrt zutreffen, dass das unbestreitbar zunehmende Misstrauen gegenüber den wahren Absichten »der Politik« und der Selbstlosigkeit ihrer – weiblichen wie männlichen – Repräsentanten, das sich unter anderem in einer ständig rückläufigen Wahlbeteiligung niederschlägt, genau mit jener als angeblich »professionellen« Unsitte zusammenhängt, die Bürgerinnen und Bürgern als vermeintlich unmündige Menschen zu behandeln?

Muss es wirklich im täglichen politischen Streit der Parteien so schwer fallen, zu verstehen, was ich meine? Mir fiele da eine Person ein, die heutzutage wie niemand sonst jenen Mut und jene Glaubwürdigkeit zu verkörpern scheint, ohne die geistige Führung nicht gelingen kann: Franziskus I.

Stuttgart 21 – und Ähnliches

Ich saß noch beim Frühstück, als an einem Sonntag-
morgen das Telefon läutete. In der Leitung war ein
hörbar erregter deutscher Großmanager. Ohne lange
Vorrede überfiel er mich mit der Warnung, ich solle
»nicht weiter gegen Stuttgart 21 zündeln«. Wenige Wochen zuvor hatte ich ihm in der Tat geraten, sich nicht
allzu vertrauensvoll auf seinen politischen Hauptak-
tionär zu verlassen, weil dieser das Schiff ohne Zögern
verlassen und den Kapitän dafür verantwortlich machen werde, sollte sich herausstellen, dass es leckschla-
gen könnte. Das ist nun schon lange her. Seitdem hat
sich die Lage grundlegend verändert, nicht nur durch
eine Volksabstimmung, sondern auch dadurch, dass
sich der Aufsichtsrat der Deutschen Bahn unter dem
offensichtlichen Einfluss ihres Großaktionärs dazu
verleiten ließ, Kosten in einer Höhe mit zu verantworten, die ihm vorher als unwirtschaftlich und damit als
für das Unternehmen untragbar vorgetragen worden
waren.

In der Tat war ich lange genug davon überzeugt, dass die demokratische – genauso wie die wirtschaftliche – Vernunft obsiegen werde. Dabei ging es mir nicht zuletzt um die Kostenangaben der Bahn. Gewiss waren seit der ersten Bekanntgabe des Projekts bereits Jahre verstrichen, sodass niemand mehr ernsthaft davon ausgehen konnte, dass das ursprüngliche genannte Investitionsbudget ausreichen würde. Doch (unter Leitung des früheren Bundesarbeitsministers Heiner Geissler) hatte inzwischen ein förmliches Schlichtungsverfahren zur Bereinigung der aufgetretenen Meinungsverschiedenheiten zwischen dem Bund, dem Land und der Stadt stattgefunden, in dessen Verlauf angeblich aktuelle Kosten vorgegaukelt worden waren – von denen jeder auch nur einigermaßen erfahrene Beobachter wissen konnte (und musste!), dass es sich um Fantasiezahlen handelte. Und nicht nur das: Dass die zusätzlichen Risiken bei der Umsetzung der vorgelegten Planung in die Realität unübersehbar sind. Da war es wahrlich nicht zwingend, dem lauthals eine weitere Stimme – meine eigene – hinzuzufügen. Daher mein damaliges Schweigen – das zudem darin begründet lag, dass ich der offiziellen Meinung der Partei, der ich seit bald 70 Jahren angehöre und der die Bürgerinnen und Bürger der Bundesrepublik so viel verdanken, nicht unfair in die Parade fahren wollte.

Der Begriff »Skandal« ist inzwischen in der öffentlichen Diskussion weitgehend abgenutzt. Die gängigen Medien gefallen sich jederzeit darin, schon den kleinsten Fehler oder irgendein beliebiges Versehen als Skandal zu bezeichnen, vor allem dann, wenn man diesen an einer bekannten Persönlichkeit oder Institution festmachen kann. Für das, was sich die Deutsche Bahn und mit ihr die Bundesregierung in Stuttgart geleistet haben und weiter leisten, müsste also erst noch eine angemessene Bezeichnung in die deutsche Sprache eingeführt werden.

Nicht nur sollen nahezu 7 Milliarden Euro für die Verlegung des vorhandenen oberirdischen Bahnhofs unter die Erde vorrangig mit dem Zweck verbuttert werden, dass eine internationale Bahnstrecke direkt an den Flughafen angebunden wird (der auch bisher schon nach einem bequemen Umstieg auf dem Hauptbahnhof durch eine hochmoderne Nahverkehrsbahn schnell genug zu erreichen ist). Weitere mindestens 1,5 Milliarden Euro soll die Aufrüstung der Fernverbindung nach Ulm kosten, die schließlich (hoffentlich!) eine zeitliche Verkürzung von wenigen Minuten bewirken wird. Zum Schluss, das bleibt wohl zu befürchten, könnten es summa summarum mehr als 10 Milliarden Euro werden, die die Bahn zu Lasten der Steuerzahler verschwendet.

Die Stadt Stuttgart hingegen darf sich dafür in der (trügerischen!) Hoffnung sonnen, dass auf dem frei werdenden Bahngelände ein neues Stadtviertel entstehen wird, das sich eines Tages durch seinen urbanen, also menschen- und nicht investorengerechten Zuschnitt auszeichnen soll.

»Wer's glaubt, wird selig«, haben wir einstmals als Kinder gesungen. So wird es auch diese Mal sein. Offenen Auges wird hier ein gewaltiger Betrag an Steuermitteln für kaum nennenswerte, überwiegend nur bahntechnische Zwecke, sprich: nutzlos, versenkt. Das Geld könnten wir an anderer Stelle unseres Gemeinwesens wahrlich dringend gebrauchen: Im Bildungswesen oder für die Verkehrsinfrastruktur, für die gezielte Förderung von Innovationen oder für den Umbau der Energieversorgung – ganz zu schweigen davon, dass beispielsweise bei dem dramatischen Ringen um die weitere Zugehörigkeit Griechenlands zur Euro-Zone und damit im Kern sogar um die Zukunft der Europäischen Union deutlich geringere Kreditbeträge gelegentlich eine zumindest mitentscheidende Rolle gespielt haben sollen. Weit schlimmer noch, die überwiegende Mehrzahl aller derjenigen, die politische Verantwortung tragen, wusste – und weiß – das ganz genau. Doch anstatt offen einzuräumen, dass man sich geirrt hat, hat man, koste was es wolle, lieber den Weg gewählt, mit dem Kopf durch die Wand zu gehen.

Inzwischen sind schon so viele bauliche Fakten geschaffen, dass niemand mehr ernsthaft an einen Abbruch des Vorhabens denken kann. Und in der Tat gibt es ja genügend Beispiele dafür, wie schnell Gras über einen Skandal wachsen kann, bevor sich eines fernen Tages herausstellt, welche Fehlentscheidungen früher einmal getroffen worden sind und wer sie zu verantworten hatte. Haftbar dafür kann dann in der Regel niemand mehr gemacht werden – weder moralisch noch gar rechtlich...

Dahinter aber verbirgt sich eben weit mehr als ein weiterer Beitrag zu der ohnehin unübersehbaren Zahl von Kommentaren zu einem Bahnhofsprojekt von letzten Endes gewiss nur eher provinzieller Bedeutung (und insofern eher vergleichbar mit der Hamburger Elbphilharmonie als mit dem Hauptstadtflughafen BER, einem Projekt, dem ja doch wohl ein gewisser nationaler Rang nicht abzusprechen ist). Denn was wird wohl geschehen, wenn der weitere Fortschritt des Projektes die Beteiligten – allen voran die Leitung der Bahn – zum Offenbarungseid zwingen sollte, indem sie zugeben müssten, dass (direkt oder indirekt) noch einmal zusätzliche Steuermittel in Millionen- oder gar Milliardenhöhe anfallen werden?

Als Begründung wird dann herhalten, dass der Schaden nicht vorhersehbar gewesen und eine Umkehr ohnehin nicht mehr möglich gewesen sei. Wohlgemerkt: Trotz noch so großer Sorgfalt bei der Planung ist es tatsächlich unvermeidlich, dass unvorhersehbare Umstände eintreten, die ein derartig großes Projekt zum Schluss verteuern. So konnte und kann man zum Beispiel in letzter Zeit fast den Eindruck haben, dass es hierzulande fast nach Art einer »Mafia« eine mächtige Interessengruppe gibt, die allerorten massive Verstöße gegen die gesetzlichen Brandschutzauflagen entdeckt und dadurch kostenreiche zusätzliche Aufwendungen auslöst. Doch mit solchen Kostenüberschreitungen muss eben von vornherein gerechnet werden.

Deswegen geht es hier nicht um spezifische Planungsfehler, die allein der Bahn zuzurechnen wären – sondern einzig und allein darum, ob die Beteiligten wenigstens irgendwann einmal fähig sein werden, die Folgen solcher Versäumnisse für die Glaubwürdigkeit des politischen Führungspersonals und die Gefahren zu erkennen, die sich daraus für die Lebensfähigkeit unseres demokratisch organisierten Staatswesens ergeben?

Mir jedenfalls raubt das alles den Schlaf, nicht nur als Mitglied der SPD, sondern als Bürger unserer Republik. Der Bevölkerung – und damit den Wählerinnen und Wählern – ist von Anfang an nicht die Wahrheit gesagt worden. Zu Anfang hatte Stuttgart 21 ja viele von uns überzeugt – mich selbst eingeschlossen. Nach dem Scheitern des unseligen Experiments mit der Magnetschwebebahn galt das Vorhaben als strahlender Beleg für die deutsche Fähigkeit zur Modernisierung. Später meinte sogar die um solche Sprüche nie verlegene Bundeskanzlerin, dass das internationale Standing der Bundesrepublik unmittelbar mit der zügigen Realisierung des Projekts verknüpft sei.

Genau wie die nach der Neuwahl der grün-roten Landesregierung unter dem neuen Ministerpräsidenten Winfried Kretschmann durchgeführte Volksentscheidung, deren Ergebnis schließlich den Startschuss zur Realisierung des Vorhabens auslöste, beruhte das alles jedoch auf schlankweg erlogenen Behauptungen: Alle Eingeweihten wussten, dass die Kostenvorgaben zum Schluss weit übertroffen werden müssten – und doch hatte niemand den Mut, offen die Wahrheit einzugestehen.

Darum – und nur darum – geht es mir hier. Das Misstrauen gegenüber allen denjenigen, die öffentliche Verantwortung tragen, greift täglich stärker um sich. Glaubwürdigkeit bildet jedoch das unverzichtbare Lebenselixier jeder demokratischen Gesellschaftsordnung. Dabei weiß ich natürlich, dass keine öffentliche

Institution – seien es große Wirtschaftsunternehmen, die Kirchen, die Gewerkschaften oder wer auch immer – noch irgendeine Regierung oder Partei jemals ganz daran vorbeikommen kann, bei ihren Äußerungen auf taktische Abwägungen Rücksicht zu nehmen, wenn es darum geht, der Wahrheit die Ehre zu geben. Doch wer sich darauf verlässt, dass die Menschen ohnehin zu dumm sind, um zu erkennen, wann ihnen die Wahrheit gesagt und wann sie beschwindelt werden, der irrt sich. Auf die Dauer gibt es keine Glaubwürdigkeit ohne den Mut zur Wahrheit – auch dann, wenn sie unangenehm ist und womöglich bei der nächsten Wahl Stimmen kosten könnte.

Und genau in diesem Sinne ist und bleibt das Projekt Stuttgart 21 eben ein Musterbeispiel dafür, wie man öffentliche Glaubwürdigkeit verspielen und damit die Lebensfähigkeit der demokratischen Grundordnung weiter aufs Spiel setzen kann...

Volkes Stimme

Bekanntlich gehört es längst zur selbstverständlichen Voraussetzung für medialen Erfolg, täglich eine neue Sau durchs Dorf zu jagen. In der politischen Auseinandersetzung ist das kaum anders. Zum besonders beliebten Thema hat sich in letzter Zeit der Streit entwickelt, ob nicht unser gewachsenes demokratisches System durch erweiterte Mitwirkungsrechte der Bevölkerung an wichtigen Entscheidungen auf eine neue Ebene gehoben werden sollte. Ein kaum noch überschaubares Sammelsurium an (unterschiedlich intelligenten) Argumenten wird da ins Feld geführt. Ausgelöst, jedenfalls aber angeheizt worden ist die Diskussion durch das (angebliche oder wirkliche) »Scheitern« von »Großprojekten« wie Stuttgart 21, der Elbphilharmonie oder dem Flughafen »Willy Brandt« in Berlin. Besonders beliebt ist es zudem, sich auf (angebliche oder wirkliche) Erfahrungen in der benachbarten Schweiz zu stützen.

Herausgekommen ist bisher nichts als ein seltsames Gemisch aus achselzuckender Ratlosigkeit, schuldbe-

wusster Flickschusterei und dreister Besserwisserei –
alles zusammen ein für die Stammtische bestens geeig-
netes, weil unentwirrbares Konvolut von bedenkens-
werten Überlegungen und populistischen Argumenten.
Aus gutem Grund hat daher die angesehene Bertels-
mann-Stiftung dem Thema eine bundesweite Studie
gewidmet.

Letzten Endes geht es um ein zumeist dumpfes
Misstrauen gegenüber dem Prinzip der repräsentativen Demokratie. Teils offen, teils unterschwellig begründet wird es gern mit einer ebenso grundsätzlichen
wie weitverbreiteten Geringschätzung der traditionellen Parteien. Verteilt sind alle diese Bauchgefühle
gleichmäßig über das gesamte politische Spektrum,
also unabhängig davon, wo die sich dahinter verber-
genden Absichten und Ziele angesiedelt sind, rechts,
links oder in der sogenannten »Mitte«. Und in der Tat:
Wer wollte schon leugnen, dass zumindest die Mehrzahl unserer Parteien nicht frei von der Gefahr ist, sich
als Ersatz für möglichweise unpopuläre Festlegungen
in nichtssagende Allerweltsparolen zu flüchten, oder,
um es anders zu formulieren, innerlich zu verkalken.

Das gilt für ihre organisatorischen Strukturen mit
ihren bürokratischen Entscheidungsabläufen und dem
unvermeidlich dazugehörenden hauptberuflichen Per-
sonal. Es gilt aber vor allem für die verbreitete Unfä-

higkeit der Parteien, ihre überkommenen politischen Sichtweisen auf dem Hintergrund der rapide fortschreitenden Veränderungen des gesellschaftspolitischen Umfelds neu zu durchdenken. Und weil ein großer Teil der sozusagen »einfachen« Bevölkerung diese Umbrüche mehr oder minder täglich am eigenen Leibe erfährt, ist es durchaus verständlich, wenn allzu viele Menschen den Eindruck gewinnen, dass für die Parteien der eigene Machterhalt und die damit verbundenen »Pfründe« im Vordergrund stehen, anstatt mit Mut und Offenheit Lösungswege für die auf dem Tisch liegenden Probleme aufzuzeigen und sich mit entsprechend klaren Vorschlägen zur Wahl zu stellen. Wachsender Widerwille, überhaupt einen Stimmzettel abzugeben, ist die Folge, oftmals gar der Entschluss, ganz darauf zu verzichten – oder aber man überlässt solchen dilettantischen Scharlatanerien wie der »Alternative für Deutschland« das Feld…

Der Streit über die Konsequenzen, die aus diesen Erkenntnissen zu ziehen wären, hält schon seit längerem an. Zur Intensivierung der Debatte hatte vor allem ein Gesprächsinterview mit Richard von Weizsäcker beigetragen, das 1992 in der Wochenzeitung DIE ZEIT erschien. Unbeschadet davon, dass in Artikel 21 des Grundgesetzes die Rolle der Parteien festgeschrieben ist (»… wirken an der politischen Willensbildung des Volkes mit«), wies der inzwischen verstorbene Bundespräsident darin auf den aus seiner Sicht bedenklich angewachsenen Einfluss der Parteiapparate hin. Er sprach gar von einem Verfassungsorgan, das – im Unterschied zu den klassischen anderen Organen – keinerlei Kontrolle unterliege. Und er warnte davor, dass die Parteien immer stärker zum Populismus neigten, indem sie vorrangig an die nächsten Wahlen, hingegen weniger an eine Lösung der anstehenden Probleme dächten.

Nicht zuletzt auf dem Hintergrund jüngerer Erfahrungen kann man das freilich auch anders, ja, genau umgekehrt sehen. Beispielhaft denke ich zum Beispiel an die letzte Bundestagswahl vom September 2013.

Zwar stellte sich am Wahltag heraus, dass doch wieder mehr als 70 Prozent der Wahlberechtigten ihre Stimme abgegeben hatten. Der vorangegangene Wahlkampf hatte jedoch unübersehbar deutlich gemacht, dass – trotz aller redlicher Bemühungen, etwa des Kanzlerkandidaten der SPD Peer Steinbrück – allenfalls eine kleine Minderheit der Bevölkerung ernsthaft daran interessiert schien, sich mit kritischen politischen Fragen auseinanderzusetzen. Offensichtlich wollte die Mehrheit in Ruhe gelassen, schon gar nicht mit so unerfreulichen Themen wie der weiteren Entwicklung der Europäischen Union befasst werden. Deutschland, so meinte man, stehe nicht nur gut da und dürfe sich deswegen einer hohen internationalen Anerkennung erfreuen, sondern dank unserer großen Tüchtigkeit könnten wir zuversichtlich auf eine weiterhin erfreuliche Zukunft hoffen. Wozu also irgendwelche lästigen Kontroversen über ungelegte Eier austragen, zumal sich doch (allenfalls mit Ausnahme der »Linken«) die politischen Parteien in grundlegenden Fragen kaum noch voneinander unterscheiden und daher notfalls auch miteinander koalitionsfähig sind?

Liegt es also vielleicht doch eher an uns selbst, den Wählerinnen und Wählern, wenn wir lieber unsere Ruhe haben und an uns selbst denken wollen, anstatt ins Wahllokal zu gehen und mit unserer Stimmabgabe dafür zu sorgen, dass die Probleme unseres Gemeinwesens nicht mit billigen Parolen vertuscht, sondern mutig angegangen werden? Genau darum aber geht es auch bei fast allen sonstigen Wahlen, in den Bundesländern oder sogar in den Kommunen. Regelmäßig stehen dort Angelegenheiten auf der Tagesordnung und zur Entscheidung, die zumindest einem großen Teil der Bevölkerung auf der Haut brennen sollten. Sie spielen sich nicht in dem weit entfernten Berlin, sondern in ihrer unmittelbaren Nachbarschaft ab. Und trotzdem geht gerade bei diesen Urnengängen die Wahlbeteiligung tendenziell immer weiter zurück – im Bundesland Bremen zuletzt auf gerade noch die Hälfte der Wahlberechtigten.

In mancher mittleren Stadt geben schon weniger als 20 Prozent der Wählerinnen und Wähler ihre Stimme ab, selbst wenn es um ein neues Stadtoberhaupt geht. Kann man das mit Fug und Recht vor allem den Parteien in die Schuhe schieben – oder glaubt vielleicht eine besorgniserregend große Zahl unserer Mitbürgerinnen und Mitbürger achselzuckend, dass sie ohnehin am Gang der Dinge nichts ändern könnten und es deswegen mehr als angebracht sei, sich auf ihre privaten eigenen Interessen zu konzentrieren?

In ähnlicher Richtung mag noch etwas anderes hinzukommen. Es könnte mit einer Einstellung zusammenhängen, die (angeblich oder wirklich) bei vielen Angehörigen der jüngeren Generation, hie und da als »Zeitgeist« missverstanden, verbreitet sein soll. Gemeint ist jene Mentalität, die gemeinhin einem sogenannten »Hipster« zugeordnet wird. Sie ist dadurch charakterisiert, dass man seine Zugehörigkeit zu einer Schicht, die sich durch nichts aus der Ruhe bringen lässt, dokumentiert, indem man ausnahmslos jedes Geschehen ironisiert. Man habe ganz einfach in jeder Lebenssituation »cool« zu sein, sprich: sich um Gottes willen selbst bei extremsten Herausforderungen niemals die Blöße zu geben, dass man die innere Distanz verliert. Mit anderen Worten: Nur diejenigen würden Aufmerksamkeit verdienen, die es, was auch immer geschieht, vermögen, »über den Dingen zu stehen«.

Ob es sich dabei um eine modische Zeiterscheinung handelt oder um eine besonders gefährliche Erscheinungsform einer grundlegenden Skepsis auch gegenüber den etablierten politischen Entscheidungsmechanismen – ich weiß es nicht. Ernst zu nehmen wäre eine solche Einstellung aber zumindest dann nicht weniger als die erwähnte Parteienkritik oder das politische Desinteresse in breiten Teilen der Bevölkerung, wenn sich herausstellen sollte, dass sie sich tatsächlich in nennenswerten Teilen der – bildungs- oder einkommensmäßig – gehobenen und damit meinungsbildenden Bevölkerung dauerhaft einnisten sollte.

Henne oder Ei? In der Tat mag es schwer fallen, von vornherein die Frage als sinnlos abzutun, an wem es wohl liegen mag, dass offensichtlich die Neigung zunimmt, Entscheidungen, die das Gemeinwesen betreffen, nicht mehr als eigene Verantwortung wahrzunehmen: an den demokratischen Parteien – oder an uns selbst, den Bürgerinnen und Bürgern. Könnte es sich da nicht als allzu leichtfertig erweisen, auf ein Patentrezept zu verfallen, das meint, den (vermeintlichen oder tatsächlichen) »Missständen« des Systems repräsentativer Demokratie dadurch begegnen zu wollen, dass unter dem Schlagwort »mehr direkte Demokratie«

Volksbefragungen aller Art ermöglicht werden? Also: Plebiszitäre Demokratie als Allheilmittel?

Wie dem auch sei: Unbestreitbar scheint es mir mehr als dringlich, sich ernsthaft darüber Gedanken zu machen, welche sinnvollen und verantwortbaren Möglichkeiten es gibt, eine breite Mehrheit der Bevölkerung neu davon zu überzeugen, wie wichtig es in ihrem eigenen Interesse wäre, sich tatkräftig und unmittelbar für das Gemeinwesen einzusetzen. Mit anderen Worten: sich eine eigene Meinung über unterschiedliche Lösungswege für anstehende Probleme zu bilden und durch Stimmabgabe daran mitzuwirken, dass sie in eine mehrheitsfähige Entscheidung einfließt. Die Frage bleibt freilich, wie das erreicht werden soll, erreicht werden kann.

Auf den ersten Blick dürfte es auf der Hand liegen, dass man der inneren Verkrustung der Parteien wohl kaum durch geänderte Bestimmungen über die allgemeinen Wahlmodalitäten begegnen kann. Bei näherem Hinsehen könnte es sich allerdings durchaus herausstellen, dass die Parteiapparate aufgerüttelt werden, wenn sie tatsächlich erkennen müssten, dass sich der politische Wille der Bevölkerung auch noch auf anderem Wege – und an ihnen vorbei – äußern kann als durch die Wahl von Abgeordneten, die anschließend die endgültigen Entscheidungen zwar vorgeblich nach ihrem persönlichen Gewissen, in Wirklichkeit aber entsprechend ihren jeweiligen Parteiinteressen treffen. Andererseits gibt es auch Argumente, die vor unbedachten Experimenten mit einer Ausweitung plebiszitärer Demokratie warnen. Ich rate dazu, sie sehr ernst zu nehmen.

Dazu zählen die Erfahrungen aus der Nazizeit. Bei den damals beliebten Volksabstimmungen wurden jeweils dröhnende Mehrheiten für die verantwortungslosen Absichten der Machthaber erzielt: Für den Austritt aus dem Völkerbund genauso wie für die Zusammenführung der Ämter des Reichpräsidenten und des Reichskanzlers in den Händen Hitlers. Der erste Bundespräsident, Theodor Heuss, hat bereits während der Beratungen über das Grundgesetz zu Recht warnend an diese Beispiele erinnert.

Heutzutage, unter der Herrschaft des Internets, gibt es freilich eine Entwicklung, die noch viel deutlicher zu größter Vorsicht mit leichtfertigen Experimenten mahnt. Ich meine natürlich die in jeder Hinsicht unvorhersehbaren Auswirkungen von sozialen Netzforen wie Facebook und anderen. Das aktuellste Beispiel, während ich dies niederschreibe, ist jenes nachgerade furchterregende Volkstribunal, das mit zigtausenden von Hashtags versucht hat, den über lange Zeit so populären Fernsehmoderator Markus Lanz vom Thron zu stürzen. »Online-Petitionen«: Als wenn man auf so hanebüchen unsinnigen Wegen zu einem auch nur einigermaßen verlässlichen Urteil über die Meinung einer Mehrheit der Bevölkerung zu irgendwelchen kontroversen Fragen gelangen könnte. Mit einem Austausch sachlicher Argumente als selbstverständlicher Voraussetzung für jegliche Entscheidungen, die den Namen »demokratisch« verdienen, haben derartige »Shitstorms« jedenfalls nicht mehr das Geringste zu tun – und wehe dem, der meint, man müsse solchen gefährlichen Tendenzen nachgeben, nur weil sie »modern« und deswegen »unausweichlich« seien…

Wohlgemerkt: Mit der gelegentlich kaum noch erträglichen Arroganz mancher ebenso hoch verdienter wie schätzenswerter Staatsmänner hat das nichts zu tun. Nachgerade demonstrativ lassen sie hie und da erkennen, dass sie dank ihrer politischen Erfahrung und ihrer weit überlegenen Kenntnisse – nicht zuletzt der Geschichte – ungleich mehr als einfache Bürgerinnen oder Bürger dazu befugt sind, zwischen Falsch und Richtig zu entscheiden. Eine derartige Überheblichkeit, die letzten Endes durch nichts zu rechtfertigen ist, vermag allenfalls dazu beizutragen, den grundsätzlichen Gegnern der repräsentativen Demokratie billige Munition zu liefern. Denn natürlich geht es nicht darum, den Wählerinnen und Wählern einfach die Fähigkeit abzusprechen, sich ein aus ihrer Sicht durchaus fundiertes Urteil zu bilden. Nein: das Problem liegt ausschließlich darin, dass ein großer Teil der zur politischen Entscheidung anstehenden Fragen nur dann sachgerecht behandelt werden können, wenn ihnen eine Abwägung aller wichtigen Zusammenhänge vorausgegangen ist.

Dazu zählt nicht zuletzt die Verantwortung, möglichst sorgfältig die über die Enge tagespolitischer Auseinandersetzungen hinausreichenden längerfristigen Auswirkungen zu bedenken, bevor man sich entscheidet. Genau eine solche Verantwortung aber leitet sich aus der Verantwortlichkeit der demokratisch gewählten Repräsentanten für das gesamte Gemeinwesen her, die weit hinausgreift über die in einem plebiszitären System vorherrschende Ausrichtung auf die rein individuellen Sichtweisen und Interessen der Abstimmenden.

Für mehr als nur verständlich halte ich daher die Stimmen verantwortungsbewusster Bürgerinnen und Bürger, die dringend davon abraten, die Vorzüge der repräsentativen Demokratie leichtfertig auf dem Scheiterhaufen billiger Volkstümlichkeit zu opfern. Andere sahen (und sehen) das allerdings genau umgekehrt. Nicht zuletzt zählte der allzu früh verstorbene Journalist und politische Schriftsteller Johannes Gross dazu, der schon 1995 – im Unterschied zu manchen intellektuellen Leichtgewichten der Gegenwart – in einem geistreichen, noch heute lesenswerten Plädoyer vehement den Standpunkt vertrat, die »Verkümmerung der Ideenproduktion und Streitlust der Parteien« spreche dafür, dem »Bedürfnis der Bevölkerung nach unmittelbarer Mitwirkung an den sie unmittelbar betreffenden oder für einsichtig gehaltenen Geschäften« notfalls durch eine Grundgesetzänderung in Richtung auf eine »förmliche Ermächtigung des Volksgesetzgebers« nachzukommen (zitiert nach Patrick Bahners, »Begründerzeit«, in dem Sammelband »Die Berliner Republik«, aus der Reihe »Zeitgeschichte im Fokus«, bebra Wissenschaftsverlag, Berlin, 2013).

Doch genau da liegt der Hase im Pfeffer. Denn welche »Geschäfte« sind es eigentlich, die die Bevölkerung »unmittelbar betreffen« und für sie »einsichtig« sind? Der kleine Zusatz, dass es anscheinend ausreichen soll, wenn sie für einsichtig »gehalten werden«, verrät das Dilemma. Es wird sofort deutlich, wenn man nur einige wenige Fälle aus der jüngsten Vergangenheit herausgreift. Manche davon scheinen überzeugend zu begründen, warum sie von den Protagonisten einer grundlegenden Erleichterung von Volksabstimmungen aller Art für sich in Anspruch genommen werden – die anderen hingegen legen es im Gegenteil nahe, mit Zähnen und Klauen am bewährten Prinzip der repräsentativen Demokratie festzuhalten.

So habe ich nur wenig Zweifel, dass es gerechtfertigt war, die unmittelbar betroffene Bevölkerung in Bayern zu befragen, ob sie eine Bewerbung ihrer Region um die Olympischen Winterspiele befürwortet oder nicht. Das sachliche Für und Wider (einschließlich aller wirtschaftlichen wie medialen Zusammenhänge) war eingehend diskutiert worden, jedem Stimmberechtigten konnte eine besonnene Abwägung zugemutet werden, Konsequenzen für außenstehende, nicht an der Abstimmung beteiligte Bürgerinnen und Bürger standen nicht ernsthaft auf dem Spiel.

Freilich macht schon der letzte Hinweis deutlich, wie ratsam es ist, mit vorschnellen Weichenstellungen vorsichtig zu sein. Zwar kann natürlich niemand die Bedeutung leugnen, die der Durchführung von Olympischen Spielen weit über die Grenzen der beteiligten Region hinaus für das ganze Land zukommt. In diesem konkreten Fall erscheint es mir allerdings einleuchtend, den Interessen der unmittelbar Betroffenen Vorrang vor solchen übergeordneten Interessen einzuräumen. Noch deutlicher könnte die Befürwortung plebiszitärer Abstimmungen dort ausfallen, wo es um Entscheidungen geht, deren Folgen sich eindeutig auf den engsten Lebenskreis beschränken. In aller Regel sind das kommunale Fragen wie etwa der Bau einer Stadthalle oder eines Schwimmbades.

Besonders deutlich wird jedoch die angesprochene Problematik bei einem Blick auf das Projekt »Stuttgart 21«, von dem schon die Rede war. Vom ersten Tag an war es Gegenstand hitziger Auseinandersetzungen. Angeführt von Angela Merkel als Kanzlerin der damaligen christlich-liberalen Bundesregierung, die sich lapidar zu dem Diktum verstieg, dass ein Scheitern das deutsche Ansehen in ganz Europa schwer beschädigen würde, behaupteten (und behaupten) die Anhänger, das Vorhaben werde die verkehrliche Infrastruktur im gesamten süddeutschen Raum entscheidend verbessern. Die Gegner bestanden (und bestehen) hingegen darauf, dass es sich um die sinnlose Verschwendung gewaltiger öffentlicher Mittel für ein reines Prestigeprojekt handelt.

Diese Auffassung – wie gesagt – teile ich. Doch darum geht es hier nicht. Für unsere jetzigen Überlegungen wichtig ist hingegen, dass über diesen nicht nur äußerst kontroversen, sondern auch hinsichtlich unzähliger umstrittener Einzelheiten äußerst komplizierten Fragenkomplex schließlich durch eine Volksabstimmung entschieden wurde. Sie endete mit einer deutlichen Mehrheit zugunsten des Vorhabens. Das hat inzwischen insofern zu einer erkennbaren Beruhigung der öffentlichen Auseinandersetzungen geführt, als sowohl die grün-rote Landesregierung als auch die Stadt Stuttgart trotz ihrer parteipolitisch neuen Führungen das Ergebnis der Volksabstimmung respektieren, mit der Folge, dass die früheren Widerstände einer gewissen achselzuckenden Resignation zu weichen scheinen.

Das ändert freilich nur wenig an der grundsätzlichen Problematik solcher Volksabstimmungen. Sie wird deutlich, wenn man bedenkt, wie undurchschaubar die Zusammenhänge waren, die gerade auch in diesem Fall eine wesentliche Rolle gespielt haben.

Zum einen ging es um den für das Gesamtprojekt zu erwartenden Investitionsaufwand. Obwohl durch die Gegner immer wieder als illusorisch bezeichnet, beharrten die Befürworter – angeführt von der federführenden Deutschen Bahn – auf ihren öffentlich bekanntgegebenen ersten Schätzungen, um sie bald nach der Volksbefragung auf gut das Doppelte zu erhöhen. Dahingestellt bleiben kann, ob es sich um eine bewusste Irreführung oder nur um das Ergebnis einer dilettantischen Planung handelte. Für unser augenblickliches Thema interessant bleibt allein die Feststellung, wie sehr solche plebiszitäre Abstimmungen von Daten und Fakten abhängen können, deren Zuverlässigkeit die Abstimmenden kaum (oder gar nicht) zu beurteilen vermögen. Verglichen mit der immerhin anzunehmenden

Fähigkeit gewählter Volksvertreter, solche Angaben zunächst in Ruhe und mit Sachkunde zu prüfen, bevor sie einem aufwändigen Projekt zustimmen, spricht schon allein dieser Umstand für größte Zurückhaltung gegen die Freigabe entsprechender Volksbefragungen.

Im Fall von »Stuttgart 21« kam die grundlegende Interessenlage der landesweit zur Abstimmung aufgerufenen Stimmberechtigten hinzu, die – abgesehen von dem letzten Endes durch alle Steuerzahler aufzubringenden Investitionsaufwand – unterschiedlicher nicht sein konnte. Sozusagen hautnah standen für die eigentliche Stuttgarter Bevölkerung die weitgehende Umgestaltung der Stadtmitte und die mit dem Vorhaben über zumindest ein Jahrzehnt andauernden Belästigungen (einschließlich bautechnischer Risiken) im Vordergrund. Für große andere Teile des Landes ging es hingegen um ein Projekt, das sich weit entfernt in der (ohnehin ungeliebten) Landeshauptstadt abspielte und allenfalls dann interessierte, wenn es – sozusagen als Abfallprodukt – dazu beitragen könnte, ohne entsprechenden eigenen Aufwand die örtliche Verkehrsanbindung zu verbessern. Verglichen mit der naheliegenden Möglichkeit gewählter Volksvertreter, solche Interessenunterschiede sorgsam gegeneinander abzuwägen, bevor sie eine Entscheidung treffen, sollten sich also plebiszitäre Abstimmungen aus diesem Grund gleichfalls verbieten.

Kaum noch einer Begründung bedarf es unter diesen Umständen, daran zu erinnern, mit welchen Mitteln die damals verantwortliche schwarz-gelbe Landesregierung versuchte, die Gegner des Projektes mundtot zu machen. Nicht zuletzt die besonderen Charaktermerkmale und die daraus resultierenden merkwürdigen Handlungsweisen des damaligen Ministerpräsidenten Mappus (mit denen ich selbst, wenn auch in einem ganz anderen Zusammenhang, gleichfalls sehr unmittelbar meine persönlichen Erfahrungen sammeln konnte) geben bis heute ein leuchtendes Beispiel dafür, wie leicht Volksabstimmungen über Vorhaben, deren Zusammenhänge sich der unmittelbaren ortsgebundenen Beurteilung der Stimmberechtigten entziehen, in die Hände von verantwortungslosen Führungspersönlichkeiten geraten können, die dazu neigen, die eigenen Interessen mit ihrer Verpflichtung gegenüber dem gemeinen Wohl zu verwechseln.

Ein beliebtes Argument, das die Anhänger einer entschlossenen Ausdehnung plebiszitärer Entscheidungen zur Hand haben, ist demgegenüber der Hinweis auf die jahrhundertelang bewährten Erfahrungen in unserem Nachbarland, der schweizerischen Eidgenossenschaft.

Dabei sollte freilich nicht einfach übersehen werden, dass die Schweiz ein kleines Land ist. Abgesehen davon, dass sich ein großer Teil der so gern belobigten

Volksabstimmungen auf die noch einmal um ein Mehrfaches kleineren Kantone beschränkt, bedeutet dies, dass sowohl die Bedeutung der jeweils anstehenden Fragenkomplexe als auch die davon berührten Einzelinteressen zumindest für die Mehrheit der Abstimmungsberechtigten wenigstens einigermaßen durchschaubar sind.

Jedenfalls ist das die Regel. Freilich gibt es durchaus auch Ausnahmen, die auf die Fragwürdigkeit selbst solcher Plebiszite in einem Gemeinwesen mit einer überschaubaren Bevölkerung hindeuten. Das fängt mit dem Versuch einer gesetzlichen Begrenzung von Managerbezügen an und endet bei der gleichfalls durch eine Volksabstimmung erzwungenen Beschränkung der Einwandererzahlen. Im ersten Fall mag es zumindest fraglich erscheinen, ob die Mehrzahl der beteiligten Bürgerinnen und Bürger sich wirklich über die möglichen Folgen einer Verlagerung wichtiger Firmensitze ins Ausland klar gewesen ist. Im zweiten Fall dürfte hingegen schon unmittelbar nach Vorliegen des Abstimmungsergebnisses deutlich geworden sein, dass es für die gesamte Schweiz schwerwiegende Folgen haben wird, wenn man sich mutwillig über bestehende vertragliche Vereinbarungen mit der Europäischen Union und die sich daraus ergebenden Verpflichtungen hinwegsetzen will.

In beiden Fällen bleibt die Frage, ob die Abstimmenden tatsächlich sorgfältig abgewogen haben, welchen Schaden sie womöglich für ihr Land anrichten – oder ob sie vielleicht nur einer emotionalen Stimmung gefolgt sind, die durch verantwortungslose politische Populisten angefacht worden ist…

Meine Skepsis, die in diesen Beispielen aufscheint, springt noch einmal deutlicher ins Auge, wenn man sich vorstellen müsste, dass die um ein Zehnfaches größere deutsche Bevölkerung etwa über die künftige Gestaltung des allgemeinen Rentensystems – oder gar über den jährlichen Bundeshaushalt – abstimmen sollte.

Denkbar wäre eher noch, dass sich, als Ergebnis einer vorangegangenen eingehenden Diskussion aller dafür und dagegen sprechenden Argumente, eine große Mehrheit der Stimmberechtigten ein ethisch sorgfältig fundiertes Urteil darüber bilden kann, ob künftig unter bestimmten genau umschriebenen Voraussetzungen eine aktive Sterbehilfe zugelassen werden soll oder nicht. Hingegen scheint es mir ganz und gar zwingend, dass Fragen wie etwa die Lösung einer ernsthaften Währungskrise, wie wir sie im Zusammenhang mit dem Euro erlebt haben, oder gar eine Entscheidung über den Einsatz der Bundeswehr außerhalb der Europäischen Union, deren sachliche Zusammenhänge ungleich komplexer sind und sich mit Sicherheit nicht für eine ausreichend sorgfältige öffentliche Erörterung eignen, den gewählten Abgeordneten in den zuständigen Parlamente vorbehalten bleiben – es sei denn, man möchte offenen Auges eine grundlegende Gefährdung unseres demokratisch organisierten Staatswesens in Kauf nehmen...

Machen wir es also kurz. Plebiszitäre Abstimmungen, Volksbefragungen oder sonstige Methoden einer unmittelbaren Entscheidung durch die Wahlberechtigten sind immer dann und überall dort erstrebenswert, wo zumindest drei Voraussetzungen erfüllt sind: erstens muss es sich um eine Angelegenheit handeln, die in sachlicher Hinsicht ebenso intensiv wie ausgiebig öffentlich diskutiert worden ist, zweitens muss sie sich auf den für jedermann – also nicht nur für irgendwelche Spezialisten – überschaubaren Bereich gemeinsamer nachbarschaftlicher Interessen beschränken, und drittens muss sie für einen durchschnittlich gebildeten Menschen überschaubar und verständlich sein. Alles das, was auch nur eine einzige dieser Voraussetzungen nicht erfüllt, gehört nirgendwo anders hin als in den Entscheidungsbereich repräsentativer demokratischer Strukturen. Basta!

Zur Vermeidung etwaigen Missverständnisse allerdings noch ein Wort zum Schluss: Trotz meiner grundlegenden Skepsis gegen die Aufweichung der repräsentativen Demokratie durch Volksentscheide verstehe ich es durchaus, wenn etwa der baden-württembergische Ministerpräsident immer wieder dafür plädiert, die Meinung der Bürgerinnen und Bürger durch geeignete Befragungen anzuhören, bevor entsprechende Entscheidungen durch die demokratisch legitimierten Gremien getroffen werden. Denn wer könnte schon die Gefahr übersehen, dass bei allzu vielen Menschen das Gefühl vorherrscht, es werde »durch die da oben« ohnehin über ihren Kopf hinweg regiert. Nicht ohne Grund pflegt Winfried Kretschmann allerdings seiner Aussage sogleich hinzuzufügen, dass *gehört nicht erhört* heißen müsse!

Nicht verwechseln sollten also die geneigten Leserinnen und Leser auch meine entschiedene Überzeugung mit einer wie auch immer gearteten Abneigung gegen eine ebenso entschiedene Einmischung in anstehende öffentliche Angelegenheiten aller Art. Das gilt für spontane Demonstrationen und Proteste, ja – natürlich jeweils in den gesetzlich zulässigen Grenzen – für zivilen Widerstand, und zwar immer dann, wenn man davon überzeugt ist, dass die gewählten Repräsentanten ihre Macht missbrauchen. Sofern und soweit sie sich nicht durch eigene kommerzielle Interessen korrumpieren lassen (was leider vorkommen soll), gilt mein Respekt und meine Unterstützung nicht minder

der inzwischen großen Zahl von Nichtregierungsorganisationen, die sich der Beachtung des gemeinen Wohls verschrieben haben. Beide Erscheinungsformen einer solchen Einmischung in einer Reihe europäischer Länder haben Walter Sittler und Gerd Leipold in einem beeindruckenden Reisebericht beschrieben (»Zeit, sich einzumischen«, sagas-edition Stuttgart, 2013).

Ziviles Engagement aller Art: Das verdient nicht nur unser aller Unterstützung, sondern muss dringend eingefordert werden, wenn unsere demokratischen politischen Grundüberzeugungen nicht vor die Hunde gehen sollen. Mit einer vorbehaltlosen Anbetung plebiszitärer Entscheidungen als Patentrezept zur Heilung unbezweifelbarer institutioneller Fehlentwicklungen in demokratisch organisierten Gemeinwesen sollte das allerdings nicht verwechselt werden!

Dazugehören

Wer von uns hätte im Verlauf seines Lebens nicht schon einmal darauf gehofft, jemanden persönlich kennenzulernen, mit ihr oder ihm sprechen, ja, der Traumperson womöglich ganz nahe sein zu können? In der Jugend mögen das Idole auf der Bühne, der Leinwand oder beim Fußball gewesen sein, später weibliche oder männliche Schriftsteller, Künstler oder gar Politiker. Die Sehnsucht, jemandem zu begegnen, der etwas verkörpert, was man sich für sich selbst erträumt und doch nicht erreicht hat, ist vermutlich niemandem fremd, handelt es sich doch um nichts als um eine ganz normale menschliche Eigenart.

Über die meisten solcher allgemeinmenschlichen Eigenheiten ist zur Genüge nachgedacht, sind Bibliotheken vollgeschrieben worden. Das gilt für die vielfältigen Spielarten von Sucht, wie etwa der Gier nach Geld oder Ruhm, es gilt für die Versuchungen der Heuchelei und es gilt für die Irrungen und Wirrungen der Liebe oder des Neids. Allzu oft übersehen wird hingegen ein merkwürdiges Zusammenspiel nahezu zwanghafter Erscheinungen zu einem Syndrom. Es geht um eine Art von Krankheit, die für viele unter uns, die davon befallen sind, durchaus gefährlich werden kann. Die Rede ist von dem Bedürfnis, dazuzugehören.

Bei oberflächlicher Betrachtung kann es freilich leicht geschehen, einer Fehldiagnose aufzusitzen. Nicht selten sind die Krankheitssymptome nämlich leicht mit anderen weit verbreiteten menschlichen Eigenheiten zu verwechseln. Eitelkeit und Geltungssucht zählen dazu. Gewiss: Zumal wenn sie, was nicht selten geschieht, auch noch zusammentreffen, können Eitelkeit und Geltungssucht durch die davon Befallenen als durchaus quälend empfunden werden. Eitle Menschen, die sich auf ihr herausragendes Aussehen oder ihre hervorstechende Intelligenz etwas einbilden, dürsten nach ständiger Bestätigung, sei es beim Blick in den Spiegel, sei es durch die tägliche Erfüllung der Hoffnung, bewundert zu werden. Geltungssucht lechzt nach Befriedigung durch offenkundige Anerkennung der eigenen Bedeutung. Eitelkeit genau wie Geltungssucht werden jedoch immerhin hie und da befriedigt, und sei es nur in den seltenen Augenblicken der durch den Beifall der Umwelt bestätigten Begeisterung über das eigene Äußere, die eigene Wirkung oder die eigenen Geistesgaben.

Und was wäre eigentlich dagegen einzuwenden, wenn jemand sich vornimmt, im Leben voranzukommen, indem er lernt, sein Licht nicht unter den Scheffel zu stellen, wenn er rundum ehrgeizig ist? Zwar mag sich früher regelmäßig viel Häme hinter der schönen Feststellung verborgen haben, dass ein bestimmter junger Mensch »nach Höherem strebt«. Doch solche Eigenheiten verdienen schon deswegen keine besondere Aufmerksamkeit, weil sie im Grunde einer großen Mehrheit von uns sozusagen ganz selbstverständlich zu eigen sind.

Die Sucht, dazuzugehören, verdient es, sehr viel ernster genommen zu werden. In gewissem Sinne spielt sie übrigens, das soll nicht übersehen werden, hie und da auch dann eine durchaus ernstzunehmende, ja eine gewichtige Rolle, wenn sie auf Gemeinschaften zielt, die sich – aus welchen Gründen auch immer – nach Art von Geheimbünden nach außen abschotten. Vor allem finstere Brüderschaften wie der inzwischen auch nach Europa vordringende Ku-Klux-Klan oder die rechtsradikalen Schlägertruppen mit ihren Träumen von einer nazistischen Wiedergeburt zählen dazu, aber auch manche reaktionäre Burschenschaften oder die katholische Opus-Dei-Organisation.

Doch darum dreht es sich hier nicht, zumindest nicht in erster Linie. Es geht weder um Ehrgeiz, Eitelkeit oder das Bestreben, voranzukommen. Noch geht es um das im Grunde genommen krankhafte Gefühl, etwas Besseres zu sein, weil man einem besonderen Orden angehört. Solche merkwürdigen, nicht selten geheimen Organisationen leben zumeist davon, dass ihre Mitglieder wähnen, Wertvorstellungen zu verkörpern, die sie als besonders edel, ja ideal, empfinden: Maßstäbe, das bilden sie sich ein, die sie vor allen anderen Menschen auszeichnen, aus der Masse hervorheben.

Solche und ähnliche Versuchungen sind weit verbreitet. Kaum jemand wird sich finden lassen, der sie – in der einen oder anderen Version – nicht schon an sich selbst verspürt hat. Früher einmal gehörte das Bestreben dazu, als Mitglied in einen angesehenen Tennisclub aufgenommen zu werden. Heute hat man Golf in einem bekannten Verein zu spielen, wenn man in den entsprechenden gesellschaftlichen »Kreisen« »angekommen« sein will. Oder wie wäre es mit einer Kreuzfahrt auf der »Queen Elisabeth II«? Mit dem Bericht im Freundeskreis über die Wonnen eines Diners bei einem der angesagten Dreisterneköche? Und so weiter...

Von etwas ganz anderem ist jedoch hier die Rede: Von einer psychischen Zwangsvorstellung, die geeignet ist, die davon Befallenen wie eine Drogensucht in ihren Bann zu ziehen. Sie wirkt wie eine wahre Höllenqual: Jedes Mal, wenn sie sich ihrem Ziel ganz nahe wähnen, müssen die Erkrankten erfahren, dass aus ihrer Hoffnung nun doch wieder nichts endgültig Bleibendes geworden ist. Fast könnte man meinen, dass es sich um die moderne Version der alten Sage von Sisyphos handelt: des Menschen, der das göttliche Geheimnis des Feuers verraten hat und dafür auf ewig büßen muss, indem er im Schweiße seines Angesichts den Felsblock den Berg hinaufzuwälzen hat, der ihm jedoch kurz vor dem Ziel immer wieder von Neuem entgleitet und herunterrollt.

Diejenigen, die von einer derartigen Seuche angefallen werden, bringen sich ja nicht wider besseres Wissen in Gefahr. Mit wenigen Ausnahmen handelt es sich um ein böses Geschick, das für die Ansteckung verantwortlich ist. Festzumachen ist es regelmäßig an einer Art von Geburtsfehler. Er besteht darin, dass man in eine Gesellschaftsschicht hineingeboren wurde, die einem keinen, zumindest aber keinen *selbstverständlichen* Zugang zu anderen, zu vermeintlich »höheren« Kreisen erlaubt. Oder, wie der frühere Bundeskanzler Gerhard Schröder in einem Interview gesagt hat: »Wenn Sie wie ich aus der unteren sozialen Schicht kommen, ist alles ein Kampf um Anerkennung. Zuerst auf dem Sportplatz, dann in der Schule …, später in der Politik« – und, füge ich fragend hinzu, bis ans Ende aller Tage auch in dem gesellschaftlichen Umfeld, zu dem man gehören möchte?

Um sogleich einem weiteren Missverständnis vorzubeugen: Die Sucht, die hier gemeint ist, darf nicht verwechselt werden mit dem für nicht wenige (vornehmlich männliche) Zeitgenossen nahezu unwiderstehlichen Drang, an Veranstaltungen teilzunehmen, die von weiten Teilen der Öffentlichkeit als sensationell empfunden werden. Der Besuch von VIP-Logen in Fußballarenen zählt ebenso dazu wie die medienwirksame Platzierung auf der Zieltribüne beim Skirennen in Kitzbühel. Durch nichts anderes zu übertreffen bleiben in diesem Sinne die Automobilrennen der Formel 1. Nicht nur als passiver Zuschauer auf der Tribüne zu sitzen, sondern das Geschehen an den Boxen unmittelbar miterleben (und womöglich anschließend als hochgeehrter Gast an einer flotten Siegesparty teilnehmen) zu dürfen, muss wohl ein Erlebnis sein, nach dem es die Befallenen immer wieder von Neuem wie einsame Wanderer in der Wüste dürstet.

Wohl mag es sein, dass solche Veranstaltungen hie und da – wie etwa bei der Auseinandersetzung zwischen den beiden Dunkelmännern Ecclestone und Gribowsky – zugleich auch zur Bühne für dramatische Versuche werden, Rivalen auszustechen, um selbst in die Rolle des Alleinherrschers schlüpfen zu können. Doch bei dem Drang, von dem hier insofern die Rede ist (und für den es noch viele andere vergleichbare Beispiele gibt), handelt es sich zwar vielleicht um eine eher als infantil einzustufende Art von Begeisterung, nicht jedoch um eine wirklich lebensgefährliche Sucht, auch nur entfernt vergleichbar mit jener Sucht, dazuzugehören.

Freilich gibt es Anlässe, die eine verlässliche Abgrenzung schwer machen. Das berühmte Pferderennen im englischen Ascot mag das belegen. Wer, gekleidet im makellosen Cutaway und begleitet von einer Lady mit aufsehenerregender Kopfbedeckung, im Beisein des englischen Königshauses seine Wetteinsätze platziert, darf vermutlich die Chance greifbar nahe wähnen, fortan zur High Society gezählt zu werden. Ist sie oder er nicht zumindest durch einen vererblichen Adelstitel gesegnet, dürften sich allerdings solche einschlägigen Hoffnungen bald als leere Träume erweisen.

Näher am Ziel sind vermutlich die Premierenbesucher, die bei der Eröffnung der Bayreuther Festspiele das Spalier der staunend Gaffenden durchschreiten dürfen. Nach ihrem eigenen Verständnis sind sie zumindest nahe daran, dazuzugehören. Denn es geht ihnen ja nicht eigentlich darum, sich an einer gelungenen Inszenierung zu erfreuen. Sie wollen ganz einfach dabei gewesen sein, wenn Christian Thielemann in den heiligen Hallen die »Meistersinger« dirigiert. In Salzburg unterscheiden sich zwar die äußerlichen Begleitumstände von denjenigen in Bayreuth, doch das Gefühl mag wohl ähnlich sein, wenn man nach der Premiere beim Diner im »Goldenen Hirschen« von der unvergleichlichen Anna Netrebko schwärmen kann.

Es sind eben nur Wenige, die zu jener kleinen Hautevolee zählen, die zu derartigen Festtagen wie denen in Bayreuth oder Salzburg zugelassen ist. Die Festspiele in Baden-Baden hingegen, vor kurzem mit dem frechen Anspruch ins Leben gerufen, den beiden klassischen Adressen Konkurrenz machen zu wollen, liegen da leider trotz allen Bemühens noch immer meilenweit zurück. Hinz und Kunz können sich dort einkaufen, sofern man nur über ein ausreichend ergiebiges Konto verfügt, um sich Frack, Abendkleid, einen Platz in den ersten Reihen des Parketts oder der Empore und den Jahrgangschampagner beim Empfang in der VIP-Etage leisten zu können.

Dazugehören: Manche wiederum sind offensichtlich gegen die Seuche immun. Regelmäßig zählen diejenigen dazu, die es nicht nötig haben, auf öffentliche Anerkennung zu warten. Oftmals – abgesehen von so wundersamen Erscheinungen wie dem Welfenabkömmling Ernst August von Hannover – handelt es sich um Angehörige von sogenannten hochadeligen Familien. Traditionell werden sie von Kindheit an in der

Illusion erzogen, bereits dank ihres Herkommens etwas »Besseres« zu sein, sich sozusagen grundlegend zu unterscheiden von den Angehörigen der »normalen« bürgerlichen Schichten, mögen diese noch so wohlhabend, alteingesessen oder allgemein geachtet sein und entsprechende Namen tragen – ganz abgesehen von jenen »Emporkömmlingen«, die aus namenlosen und womöglich gar einkommensschwachen Familien stammen und sich eben nur dank ihrer Begabung und ihres Fleißes »nach oben« gearbeitet haben.

Beispiele für eine solche angeborene und durch Erziehung noch verstärkte Immunisierung gegen die Seuche waren zu jeder Zeit Legion. Auch heute begegnen sie uns täglich – was freilich nicht verhindert, dass sie, nicht zuletzt im Bereich der Politik, oft genug und, wie etwa ein gewisser Baron von und zu G., erst jüngst wieder durch das klägliche Scheitern des eigenen Anspruchs auf Erfolg und Anerkennung in die Schlagzeilen geraten.

Wer hingegen nicht durch das – eher fragwürdige – Glück einer solchen Geburt gesegnet ist, gehört offensichtlich zum Kreis derjenigen, die zumindest potenziell Gefahr laufen, von der Sucht befallen zu werden. Da spielt es denn auch keine Rolle, ob man es im Verlauf des bisherigen Lebens schon zu allen möglichen höheren Weihen geschafft hat – zum Bundespräsidenten oder Bundeskanzler, zum Vorstandsvorsitzenden eines großen Konzerns, zum Multimillionär mit berühmter Schauspielerin als Gattin oder zum Besitzer von Traumyachten und Edelfincas auf Mallorca. Das quälende Problem, das einem angeboren ist, kann über die schönsten Erfolge nicht hinweghelfen: Ob man will oder nicht, man wird das Gefühl nicht los, minderwertig zu sein – und wettmachen kann man den Makel einzig und allein, indem man in den Kreis der Schönen und Reichen dieser Welt verlässlich aufgenommen wird.

Fakten können daran nichts ändern. Sei es, dass man von einer Familie abstammt, die seit vielen Generationen ihr eigenes Land bestellt hat, sei es dass man erfolgreich studiert und sich in einem angesagten Beruf durchgesetzt hat, sei es, dass man es als gefragter Künstler zu Wohlstand und Ansehen gebracht hat: alles das wiegt wenig oder nichts, solange man sich nicht gleichberechtigt neben den Stars des gesellschaftlichen Lebens als Stammgast auf den Seiten der »Bunten« oder »Gala« bewundern kann. Gewiss: Tief in seinem Innersten weiß man wohl, wie sehr man sich bei allen ernstzunehmenden Zeitgenossen lächerlich macht, wenn man unbedingt auf dem »Wiener Opernball« auftauchen muss. Doch lädt einen jemand ein, der (vermeintlich oder wirklich) zu jenen Reichen und Mächtigen dieser Welt zählt, Mitglied im exklusiven »Freundeskreis der Nationalgalerie« zu werden: da kann man dann eben nicht anders, als freudig die ausgestreckte Hand zu ergreifen...

Die Sucht, von der hier die Rede ist, kennt im Übrigen auch da keine Ausnahmen, wo es um die geistigen Fähigkeiten der Betroffenen geht. Selbst ein noch so brillantes Intelligenz- oder Bildungsniveau kann nicht vor ihr schützen. Nicht selten führt das dazu, dass die Erscheinungsformen der Krankheit tiefes Mitleid hervorrufen müssen. Das gilt vor allem, wenn Menschen davon befallen werden, denen das Geschick besonders herausragende Fähigkeiten mit auf den Weg gegeben hat. In beiden Geschlechtern finden sie sich in allen Berufsgruppen, unter Künstlern, Politikern, Journalisten, Unternehmern oder (nicht selten) Kritikern. Besonders verbreitet scheinen sie mir allerdings in intellektuell so anspruchsvollen Kreisen wie dem der Literaten. Geradezu beispielhaft fällt da etwa das Los eines so herausragenden Geistes wie Fritz J. Raddatz unter diese Rubrik.

Genauestens nachzulesen ist der Verlauf der Krankheit in seinen mehrbändigen Tagebüchern und Memoiren. Mögen die Schilderungen seiner Erlebnisse und die Beobachtung von Zeitgenossen, die ihm begegnet sind, auch noch so unübertrefflich genau formuliert, so bestechend brillant ausfallen – immer geht es im Kern nur um ihn selbst. Sein Modegeschmack, seine Kennerschaft aller Champagnersorten und -jahr-gänge, die unbestechliche Stilsicherheit seines Urteils über andere Lebensformen als die eigenen: am Ende leiten sich ausnahmslos alle dieser bestechenden Gaben aus einem ihm von Jugend an eingegebenen Minder-wertigkeitskomplex her.

Damit aber wird nun endlich die eigentliche Ursache jener suchtartigen Krankheit deutlich, um die es sich hier handelt: Es ist ein schwerer Minderwertigkeits-komplex, der die Befallenen mit eisernen Fesseln im Griff hält, der sie quält und sie nachts nicht schlafen lässt. Befreien können sie sich nicht einmal dann, wenn es ihnen gelungen ist, sich auf allen möglichen (und nicht selten nahe an den Rand einer wohlverstandenen Ehrbarkeit führenden) Wegen einen beachtlichen ma-teriellen Wohlstand zu verschaffen. Doch selbst wenn sie erfolgreich im Mittelpunkt der Aufmerksamkeit angelangt sein sollten, können sie den nagenden Zwei-fel nicht loswerden, dass man ihnen nur eine Bewun-derung vortäuscht, die nicht echt ist – und dass man in Wahrheit hinter vorgehaltener Hand über sie tuschelt. Anerkennung, vorbehaltlose Anerkennung ist das, wonach sie sich sehnen. Damit sie ihnen beschieden wird, müssen sie »dazugehören«.

Gegen diese Sucht aber gibt es weder eine wirksame Prophylaxe noch ein verlässliches Heilmittel.

Freundschaft

»Freunde in der Not gehen hundert auf ein Lot.«

Den Spruch kennt jeder. Und noch viele andere dieser Art. Sie umschreiben, worin sich wahre Freundschaft erweist, welches Glück sie bescheren kann. Oder warnen umgekehrt vor den Fallstricken, die denjenigen Unheil bereiten können, die sich unbedacht auf falsche Freundschaften verlassen. Versuche, sie aus Vorsicht erst einmal auf die Probe zu stellen, versagen in aller Regel. Vermeintliche oder erwiesene Bestätigungen mögen einem hie und da zuteil geworden sein. Ob es sich um den Ausdruck einer dauerhaften Zuneigung handelte oder nur um eine auf einen kurzen Augenblick beschränkte Regung, bleibt freilich zumeist offen.

Das kann wohl auch nicht anders sein. Niemand entrinnt dem Schicksal, dass man sich mit dem Ablauf der Zeit verändert – äußerlich wie innerlich. Was wir einstmals als angenehm empfunden haben, stört uns womöglich später. Schönheit, die uns früher begeistert hat, kommt uns heute belanglos, langweilig, ja sogar hässlich vor. Zuneigung und Sympathie – von tief erlebter Liebe ganz zu schweigen – schlagen um in achselzuckende Verständnislosigkeit, manchmal sogar in Verachtung, ja, in Hass.

Müssen wir uns also tatsächlich mit der resignierenden Feststellung abfinden, dass Freundschaft, sollte sie einem jemals geschenkt worden sein, zwangsläufig ein flüchtiges Erlebnis bleiben muss? Überhaupt: Was unterscheidet »Freundschaft« eigentlich von einer vorübergehenden, einer kumpelhaften Verbundenheit (etwa nach dem Verständnis des legendären Sepp Herberger, der den Mitgliedern seiner Nationalmannschaft anempfohlen haben soll, sie »müssten elf Freunde« sein)? Erschöpft »Freundschaft« sich darin, dass einem die Freundin oder der Freund zur Seite steht, wenn es einem gerade schlecht geht, wenn man eine Niederlage erlitten hat? Oder darin, dass die Freunde die Freude über einen Erfolg neidlos mit einem teilen? Dass sie sich als Mitwirkende eines (so genannten) »Teams« selbstlos für gemeinsame Ziele einsetzen? Dass sie einen warnen, wenn man Gefahr läuft, Fehler zu begehen?

Ist es nicht von vornherein vergebens, auf Freundschaften zu hoffen, gar sich darauf zu verlassen, dass sie über eine längere Phase, vielleicht gar eine ganze Lebensspanne anhalten? Bedeutete es nicht ein wahrhaft grandioses Ausmaß an Heuchelei, wenn man in der kommunistischen Jugendorganisation der DRR angehalten war, den Ruf »Freundschaft« als gegenseitige Begrüßung zu missbrauchen?

Ich fürchte, dass alles das zutrifft. Und doch gibt es Ausnahmen. Hinter dieser Überzeugung verbirgt sich keine blauäugige Illusion, sondern die gesicherte Erfahrung des Alters. Sogleich verbindet sich freilich damit die nüchterne Erkenntnis, dass es sich bei derartigen Ausnahmen um die Gabe eines gütigen Geschicks handelt. Ich werde darauf zurückkommen.

Das Glück erlebter Freundschaft verbindet sich fast immer mit dem Gefühl, fest in einer Heimat verwurzelt sein zu dürfen. Es setzt die festgefügte Beziehung zu einem Ort, zu einer menschlichen Gemeinschaft, zu einer gewachsenen Kultur voraus. Die durch die modern gewordenen Lebensumstände erzwungene Mobilität, der Wechsel von Orten und Arbeitsplätzen, erschwert also – wenn sie es nicht sogar von vornherein ausschließt – das Wachsen anhaltender Freundschaften. Doch selbst dann, wenn man sich jahrelang kennt, wenn man sich immer wieder begegnet, wenn man zusammen in Urlaub fährt, wenn die Kinder gemeinsam heranwachsen, wenn die Partnerschaften erhalten bleiben, ja, wenn diese Wegstrecke, etwa bei Krankheiten oder Lebenskrisen, durch Augenblicke tatkräftiger Unterstützung erhellt wird: Nutzen sich solche Erfahrungen nicht in aller Regel zu einem Gefühl freundlicher Nähe ab? Neigt man nicht, ob man es will oder nicht, dazu, Menschen, deren Weg man lange genug begleitet hat, als Freunde zu bezeichnen, ohne sich darüber Gedanken zu machen, ob sich hinter dieser Umschreibung tatsächlich eine tragfähige Verbundenheit verbirgt?

Oft genug wird das wohl so sein. Und doch sollten wir uns davor hüten, vorschnell die Flinte ins Korn zu werfen. Denn womöglich liefen wir mit einer resignierenden Verallgemeinerung Gefahr, einem – wenn auch naheliegenden – Trugschluss zu erliegen. Er könnte mit zwei Eigenheiten zusammenhängen, die zwar oft genug durch die Abläufe des Lebens verkümmert sein mögen, aber trotzdem nicht nur angeboren, sondern zutiefst in jedem von uns verankert sein könnten. Bezeichnend scheint es fast, dass die eine von ihnen mit einem griechischen Fremdwort, die andere gar – der Mode der Zeit entsprechend – mit einem dem Englischen entlehnten Begriff umschrieben zu werden pflegen: Empathie und Compassion.

Empathie: Das bedeutet die Fähigkeit, sich in einen anderen Menschen hineinzuversetzen, sein Denken und Fühlen nachzuvollziehen (ohne sich zwangsläufig damit zu identifizieren). Compassion hingegen, von Willy Brandt zuerst hierzulande eingeführt und seitdem fast zum Modewort verwässert: Sie geht weit über eine, sozusagen vordergründig wirkende, Empathie hinaus, indem sie mit dem Wort »Passion« ein leidenschaftliches Mitgefühl umschreibt, die Fähigkeit, das Leid wie die Freude anderer als eigenes Leid wie als eigene Freude zu empfinden.

Doch lassen wir lieber solche theoretischen Fingerübungen beiseite. In der Geschichte der Philosophie haben sich unzählige große Geister daran versucht, noch viele mehr in der Dichtung. Aristoteles und Epikur waren zwei der ersten, Montaigne, der große französische Denker, ist ihnen nachgefolgt, die moderne Soziologie hat das Thema für sich entdeckt, unvergängliche Schöpfungen von Homer über Shakespeare und Schiller bis zu Jean Paul, Matthias Claudius und Hermann Hesse haben sich dafür begeistert. Keinem von ihnen ist es je gelungen, unmissverständlich und bleibend zu umschreiben, was wirklich unter Freundschaft zu verstehen ist. Für einen bescheidenen Zeitgenossen wie mich wäre es zudem mehr als vermessen, sich auf einen geistigen Wettstreit mit solchen Giganten einzulassen – und würde nur langweilen.

Denn subjektiv habe ich mich gar vielfach mit anderen Menschen freundschaftlich verbunden gefühlt. Überwiegend, wenn auch nicht ausschließlich, galt dieses Gefühl männlichen Zeitgenossen. Nahezu ausnahmslos sind freilich diese Menschen längst ihrer Wege gegangen, zumindest physisch in alle Winde zerstoben – und mit ihnen die Gefühle, die uns früher einmal aneinander gebunden haben. Eindrucksvoll nachzulesen sind vergleichbare Erfahrungen zum Beispiel in den Tagebucheintragungen von Max Frisch zur Entwicklung seiner Beziehung zu dem mit ihm über eine längere Wegstrecke hinweg im gleichen Ort lebenden (früheren!) Freund Alfred Andersch (»Aus dem Berliner Journal«, Suhrkamp Verlag Berlin, 2014).

Die Freunde aus der Jugendzeit in der Türkei habe ich, beruflich erzwungen durch eine Jahrzehnte andauernde räumliche Trennung, ganz einfach aus den Augen verloren – mit einer einzigen Ausnahme, dem später in den USA lebenden frühen Sportkameraden auf dem Tennisplatz und an den Skihängen. Auch mit ihm ist jedoch die früher einmal als tiefe Freundschaft empfundene Zuneigung auf flüchtige Begegnungen und gegenseitige schriftliche Berichte über einzelne Erlebnisse zusammengeschmolzen, hat sich allenfalls zu einem nostalgischen Gefühl vergangener Verbundenheit gewandelt, bevor er schließlich in die Dunkelheit der Demenz verschwunden ist. Und die gleiche Erfahrung, dieses merkwürdige Schwinden emotionaler Bindungen, hat sich im weiteren Verlauf des Lebens vielfältig fortgesetzt.

Da gab es Studienfreunde, Vereinskameraden oder auch Berufskollegen, denen ich mich über eine gewisse

Wegstrecke hinweg verbunden gefühlt habe, denen ich nicht selten auch mannigfache Unterstützung, ja Hilfe, Mitgefühl oder Ansporn verdanke. Viele von ihnen leben nicht mehr, andere habe ich aus den Augen verloren. Später kamen neue Bindungen hinzu, die über lange Jahre hinweg geblieben sind, sich gewandelt und weiterentwickelt haben.

Anfänglich galten sie einzelnen Personen oder – nicht selten gemeinsam mit meiner Frau – einem anderen Paar. Man traf sich zum Essen, Trinken und Diskutieren, zu Hause oder in der Wirtschaft, trieb zusammen Sport und lernte auf gemeinsamen Reisen aufregende Teile der Erde kennen. Im Laufe der Zeit sind freilich daraus längst (kleinere oder größere) Familienverbände – mit Kindern, Kindeskindern und einer entsprechenden Zahl von (wichtigen oder unwichtigen) Problemen – geworden. Nahezu unausweichlich hat das dazu geführt, dass die früheren emotionalen Bindungen zwar nicht erkaltet oder gar verschwunden sind, aber doch einen anderen Charakter angenommen haben. Man bezeichnet sich auch weiterhin als Freunde – wäre man ehrlich miteinander, müsste man wohl erkennen, dass sich dahinter kaum noch mehr verbirgt als die freundliche Erinnerung an vergangene Zeiten.

Das scheint jedenfalls so. Trotzdem gibt es Ausnahmen. Jedenfalls für mich – obwohl ich sie über lange Strecken hinweg kaum als solche wahrgenommen habe. Bisher mussten sie sich auch nicht in konkreten Nachweisen niederschlagen. Weder ist die gegenseitige Freundschaft zum Gegenstand ernsthafter Gespräche geworden, noch hat sie sich in Unterstützung füreinander, in materieller Hilfe oder dem Ausdruck besonderer menschlicher Wärme, geäußert. Doch ich weiß, dass es sie gibt – oder vielmehr: gab. Erfahren habe ich das freilich nur in meinem eigenen tiefen Innersten.

Auf den ersten Blick geht es um zwei Menschen, auf die zunächst einmal das geschilderte Strickmuster einer langen Bekanntschaft unter Familien zuzutreffen scheint. Es sind Männer, die ich seit einem halben Jahrhundert kannte, mit denen und mit deren Ehepartnerinnen wir vieles Schöne und Bleibende erlebt haben. Allzu lange nachgedacht haben wir danach eigentlich nie mehr über den Charakter unserer Verbundenheit. Sie war zu einer Art Selbstverständlichkeit geworden. Doch in letzter Zeit, mit fortschreitendem Alter und einem neu erwachsenen Mitgefühl für die Lasten und Leiden, die ihnen das Leben auferlegte, hat sich in mir eine merkwürdige Art von Empfinden neu belebt. Fast könnte man es als eine Art von Glück umschreiben: das Gefühl, ihnen bis zuletzt als Freund verbunden gewesen zu sein – selbst dann, wenn es uns das Leben verwehrt hat, unsere gegenseitige Verbundenheit für den anderen erkennbar zum Ausdruck zu bringen, im Gespräch, durch die Tat oder auch nur durch eine Umarmung...

Einzelheiten kann und will ich hier nicht ausbreiten. Nur so viel: Mit beiden, wenn auch dem einen mehr, dem anderen weniger, haben wir einstmals zusammen Sport getrieben und dabei staunend die Schönheit der uns umgebenden Natur erlebt, haben fremde Kulturen erkundet und Respekt vor zunächst fremden Menschen gewonnen, haben bei allem solchen gemeinsamen Erleben voneinander gelernt. Der Gang der Zeit, nicht zuletzt das Heranwachsen ihrer Kinder und die damit wohl unausweichlich werdende Konzentration elterlicher Aufmerksamkeit auf deren Entwicklung, war ursächlich dafür, dass diese vielfältigen Gemeinsamkeiten später zwar nicht etwa in Vergessenheit geraten, aber doch in den Hintergrund gedrängt worden sind. Die Belastungen unterschiedlicher beruflicher Lebenswege trugen das Ihre dazu bei, ebenso wie drängende Verpflichtungen, die sich aus mancherlei gesundheitlichen Problemen der jeweiligen Ehepartner ergaben und ganz zwangsläufig die Kräfte einengen mussten, die ansonsten zur Pflege früherer freundschaftliche Bindungen benötigt worden wären. Im Ergebnis sah man sich hie und da beim Abendessen in einem Lokal – oder es blieb sogar nicht mehr, als sich über Mittelsleute einen kurzen Gruß zu senden.

Doch dann war es plötzlich zu spät. Die unvergessliche Marlene Dietrich war es, die einmal in ihrer unnachahmlichen Weise den traurigen Text von Max Colpet interpretiert hat: »Sag' mir wo die Blumen sind, wo sind sie geblieben?« Kaum kann ich ein vergleichbar elegisches Gefühl unterdrücken, denke ich an die vergangenen Zeiten und die damals begründete Freundschaft. Der Tod hat nun die Bindung an die beiden Freunde in Trauer verwandelt. Und plötzlich wird man mit einem großen Glück beschenkt: die Freundschaft ist nicht untergegangen, sondern tief in einem lebendig geblieben.

Mein Herz hat geblutet, als ich beim zufälligen Vorbeifahren ansehen musste, wie jener Freund, ohnehin sprachlich durch die Folgen eines Schlaganfalls beeinträchtigt, sich, körperlich zusammengeschrumpft, langsam zu seinem Auto hinschleppt. Es war das letzte Mal, dass ich ihm wenigstens aus der Ferne begegnen durfte. Der andere hat mir am späten Vormittag noch mit fester Stimme telefonisch zum Geburtstag gratuliert – am selben Abend war er tot. Ich weiß zwar trotzdem immer noch nicht, wie man Freundschaft genau umschreiben könnte – doch ich weiß, dass meine Verbundenheit mit Euch beiden bis zu meinem Tod andauern wird, mein Dank, dass ich eine Zeitlang mit Euch zusammen sein durfte.

Kreuzzüge

Keine Angst: Ich will nicht Ihre und meine Zeit auf jene »Kreuzzüge« verschwenden, mit denen das englische Revolverblatt namens »Daily Express« regelmäßig seine Leserschaft zu irgendwelchen blödsinnigen »Aktionen« – etwa den Austritt Großbritanniens aus der Europäischen Union – aufzurufen pflegt. Allerdings weist die dahinter stehende Mischung aus Dummheit und Populismus gewisse Ähnlichkeiten mit einem Phänomen auf, das durchaus Aufmerksamkeit verdient.

Von einem war George W. Bush während seiner beiden Amtszeiten als Präsident der Vereinigten Staaten von Amerika fest überzeugt: Dass eine entschlossene Durchsetzung der »amerikanischen Werte«, wie er sie auslegte, die Menschheit endgültig auf den Weg in eine allseits gesegnete Zukunft führen werde. Darin jedenfalls unterschied er sich kaum von einem seiner Vorvorgänger, von Ronald Reagan. Höflich ausgedrückt bestand ihre Auslegung dieser Werte aus einer kuriosen Verknüpfung von grundlegenden Menschenrechten mit einem kapitalistischen Wirtschaftssystem, das sich ungestört austoben kann. Nicht im Entferntesten waren ihre Vorstellungen zu verwechseln mit jener »Crusade for Freedom«, mit dem Dwight D. Eisenhower seinerzeit junge Menschen für einen freiwilligen Einsatz zugunsten von Regionen mobilisieren wollte, an denen ohne eigene Schuld die Segnungen der Zivilisationen vorübergegangen waren. Vielmehr ging es Reagan wie Bush jun. um eine grundlegende politische Strategie der bei weitem mächtigsten Nation der Erde, die man getrost als »Kreuzzug« in seinem mittelalterlichen Sinn verstehen darf.

Freiheit: ja. Aber nicht für diejenigen, die sich verdächtig gemacht haben, die freie Welt mit Terror zu überziehen. Sie gehören in die Obhut des CIA und der Militärs nach Guantánamo oder Abu Ghraib: Mit Hilfe von NSA und freundlicher Unterstützung durch den BND werden sie schon gestehen.

Toleranz: ja. Aber nur für rechtgläubige Christen, sofern sie einer der beiden großen Kirchen angehören – oder zumindest einer der protestantischen Sekten, mögen diese noch so verqueren Sitten und Überzeugungen anhängen.

Demokratie: ja. Aber nur so lange, wie sich die jeweils Gewählten nicht erdreisten, den Unternehmern unnütze Fesseln anzulegen – auch dann, wenn diese ihre Verantwortung gegenüber den sozialen Grundregeln ihres jeweiligen Gastlandes missachten.

Gleichheit vor dem Gesetz und ein unabhängiges Rechtswesen: ja. Aber nachdem darüber die Gerichte entscheiden, kann man ja an deren Zusammensetzung hie und da ein wenig ändern. Das beginnt mit dem Obersten Gerichtshof, dem Supreme Court, und endet bei der Jury, die vor Ort über die Anklage gegen Menschen der eigenen Herkunft und der eigenen Hautfarbe zu entscheiden hat.

Wer heutzutage auf die Entwicklung im Nahen Osten blickt, den muss auf diesem Hintergrund das schiere Grausen überkommen. Nicht nur auf den ersten Blick hat die Politik, die auf jene ebenso dumme wie gefährliche Interpretation der »amerikanischen Werte« gegründet war, wesentlich – wenn nicht sogar entscheidend – zu der Weltkatastrophe beigetragen, die sich dort sowohl in politischer als auch gesellschaftlicher Hinsicht abspielt. Hinzu kommt, dass der Abscheu, ja die Verachtung, die Millionen von arabischstämmigen Menschen inzwischen den USA, mehr noch: dem ganzen sogenannten »Westen«, entgegenbringen, auf die Überheblichkeit von nicht wenigen politischen Machthabern in den demokratischen Staaten des Westens zurückzuführen ist. Denn dort fällt es ebenso weitverbreitet wie unverändert auf fruchtbaren Boden, wenn den Menschen von irgendwelchen Scharlatanen eingeredet wird, dass ihre materielle und gesellschaftliche Rückständigkeit – und ihr dadurch hervorgerufenes Minderwertigkeitsgefühl – allein der Arroganz geschuldet ist, mit der sich die »westlichen« Länder seit Jahrhunderten über ihre überkommenen religiösen und sittlichen Wertvorstellungen hinweggesetzt haben.

Um hier sogleich einem in manchen Kreisen beliebten Vorurteil vorzubeugen: Mitnichten zähle ich mich zu denjenigen, die sich mit Freuden darin ergehen, ausnahmslos alle Fehlentwicklungen allein den Vereinigten Staaten von Amerika im Allgemeinen und deren gesellschaftlichen oder politischen Führungseliten im Besonderen in die Schuhe zu schieben.

Gewiss fährt einem der Schreck in die Glieder, wenn man den Bericht über die unvorstellbaren Folterungen von Gefangenen durch die CIA und ihre Hilfstruppen liest. Schlimmer noch, wenn man zur Kenntnis nehmen muss, in welcher erschreckenden Weise, nämlich mehr oder minder mit einem Achselzucken, breite Teile der amerikanischen Öffentlichkeit darauf reagierten. Trotzdem beharre ich (wenn auch hie und da getrübt durch manche aufkommenden Zweifel) unbeirrt darauf, dass sich solcherart kruder Antiamerikanismus nicht im Geringsten von der Beschränktheit unterscheidet, die für die seinerzeitige präsidentielle Interpretation jener Grundwerte charakteristisch ist.

In der Tat wäre es ein grobes Missverständnis, diese geistige Beschränktheit ausnahmslos »den Amerikanern« – sozusagen als eine Art von »Nationaleigenschaft« – zuzuordnen. Bereits ein flüchtiger Blick auf die Geschichte belegt zur Genüge, dass die gemeinsamen Grundwerte »des Westens« keineswegs nur für die europäische Zivilisation, sondern ohne jeden Abstrich genauso für die Vereinigten Staaten von Amerika von fundamentaler Bedeutung sind und bleiben. Nahezu zeitgleich mit der Französischen Revolution waren es die Bürgerinnen und Bürger der im Aufstand gegen das englische Königreich neu zusammenwachsenden Nation, die ihren jungen Staat mit seiner Verfassung zum ersten Mal ausdrücklich auf diese Grundwerte verpflichteten. Seitdem haben sie unzählige Male, nicht zuletzt im Kampf gegen das mörderische Naziregime und seine Verbündeten in allen Teilen der Erde, bewiesen, dass sie bereit sind, für die Bewahrung und Durchsetzung ihrer grundlegenden Überzeugungen von Freiheit, Recht und Demokratie die größten Opfer auf sich zu nehmen. Und wer könnte ernsthaft bestreiten, dass die bittere und gefährliche Auseinandersetzung des Kalten Krieges ohne das beharrliche Einstehen der USA zum Schluss nicht mit einer Implosion des sowjetischen Unterdrückungsreichs geendet hätte?

Genau deswegen sind – auch insofern! – vorschnelle Urteile fehl am Platze. In der Tat wäre es eine allzu einfache Interpretation, die in den Bevölkerungen der islamisch geprägten Regionen des Nahen und Mittleren Ostens so weit verbreitete Einstellung allein oder überwiegend mit der kurzsichtigen Überheblichkeit – und damit gar durch ein schuldhaftes Versäumnis – der westlichen Länder zu erklären oder gar zu entschuldigen. Im Gegenteil zeigt ein genaueres Hinschauen beeindruckend auf, wie deutlich die Grundwerte der Freiheit und Menschenrechte, von denen die Rede ist, trotz aller so primitiv fehlgeleiteten Kreuzzugsideen des Westens inzwischen auch in weiten Teilen der Erde, die durch ihre islamische Tradition geprägt sind, auf dem Vormarsch sind.

Das gilt selbst für eine zunehmende Zahl afrikanischer Staaten. Gewiss: Mit wenigen Ausnahmen ist dort der Islam nicht als Staatsreligion festgeschrieben. Dennoch ist er als Glaube weit verbreitet. In unseren Schlagzeilen findet er sich freilich vornehmlich dann, wenn wieder einmal eine der unzähligen islamischen Sekten versucht, sich mit grausamsten Mitteln alle übrigen Mitmenschen untertan zu machen. Doch dieses Bild täuscht allzu leicht über eine unvoreingenommene Sicht der Entwicklung hinweg.

Lange genug hat es gedauert. Milliarden von Dollars und Euros haben die »westlichen Staaten« über Jahrzehnte hinweg als sogenannte »Entwicklungshilfe« in die schwarzafrikanischen Länder gepumpt. Ein großer Teil davon ist auf dem Wege der Korruption in den falschen Händen gelandet. Fehler ohne Ende waren an der Tagesordnung. Und so merkwürdig das auch klingen mag: Es waren die Machthaber im kommunistischen China, die zuerst erkannt haben, dass sich in Afrika langsam aber sicher ein fortschreitender Wandel abzeichnet. Gerade noch rechtzeitig hat das den Verantwortungsträgern im Westen die Augen geöffnet. Schon seit mehreren Generationen genießen junge Menschen, die aus den dortigen Ländern stammen, eine hochqualifizierte Ausbildung. Schritt um Schritt haben sie begonnen, sich von ihren traditionellen Stammesstrukturen zu lösen und zu begreifen, dass die Zukunft ihrer Völker den Aufbau eines geordneten Staatswesens erfordert, den Abschied von Vetternwirtschaft und hemmungsloser persönlicher Bereicherung, eine rechtsstaatliche und demokratische Ordnung.

Dieser Prozess ist beileibe noch nicht an einem guten Ende angelangt. Immer wieder wird es schmerzliche Rückschläge geben. Das ändert nichts daran, dass sich in weiten Teilen der jüngeren Generationen stetig mehr der Stolz darauf durchsetzt, aus eigener Kraft voranzukommen – und die Überzeugung, dass aufklärerische Vernunft im Vergleich zu irrationalen Heilslehren allemal die bessere Ratgeberin ist. Im Ergebnis sind wir daher gut beraten, uns darauf einzustellen, dass sich weite Teile Afrikas noch im Verlauf dieses Jahrhunderts zu den großen und wettbewerbsfähigen Regionen dieser Erde hinzugesellen werden.

Oder nehmen wir Indonesien. Das ist mit 240 Millionen Einwohnern nicht nur der größte Inselstaat der Erde, sondern dank seiner Bodenschätze und des Bildungsstandards seiner Bevölkerung auch zweifellos ein Land, dessen wirtschaftliche wie politische Bedeutung mit höchster Wahrscheinlichkeit deutlich zunehmen wird. Nahezu 90 Prozent seiner Bevölkerung sind Muslime. Trotzdem hat der Islam nicht den Rang einer Staatsreligion. Das führt zwar in regelmäßigen Abständen zu dem Versuch religiöser Kreise, die andersgläubigen Teile der Bevölkerung zu bevormunden. Gelungen ist ihnen das bisher nie.

Zwar hat das Land, das vor zwei oder drei Jahrzehnten für manche Beobachter noch, weit vor der Volksrepublik China, zu den Hoffnungsträgern für ein großes wirtschaftliches Wachstum zählte, in der Zwischenzeit deutliche Rückschläge erlebt (die auch vor China nicht haltmachen werden). Weitgehend im Stillen und als Ergebnis einwandfreier demokratischer

Wahlen haben sich jedoch die Dinge zuletzt wieder deutlich stabilisiert. Nicht auszuschließen ist daher, dass sich Indonesien in greifbar naher Zukunft – ähnlich wie die Türkei – als ein Musterbeispiel für die Fähigkeit einer muslimischen Bevölkerungsmehrheit herausstellen könnte, eine wirtschaftlich wie sozialpolitisch moderne, demokratisch geformte Staatsstruktur zu tragen und gegen noch so skrupellose Anfeindungen erfolgreich zu verteidigen.

Obwohl über eine lange Wegstrecke hinweg unbestritten, ist dies in einem anderen südostasiatischen Staat, Malaysia, inzwischen eher in Frage gestellt, seit sich eine fundamentalistische islamische Strömung in der Auslegung der offiziellen Staatsreligion gegen die bisherige tolerante Mehrheit durchgesetzt hat. Ernsthafte Anzeichen für den Versuch einer Unterdrückung christlicher und anderer Religionen sind jedoch bisher nicht erkennbar. Trotz der zweifelsohne grauenvollen Auseinandersetzungen zwischen verschiedenen terroristischen islamischen Organisationen gilt Ähnliches für das durch seine atomare Bewaffnung besonders bedeutsame Pakistan. Das Land ist überhaupt der erste Staat, der sich offiziell als »Islamische Republik« bezeichnet hat, sich aber immerhin an einer staatlichen Struktur versucht, die wenigstens darauf hoffen lässt, dass sich doch eines Tages darauf ein verlässliches freiheitlich-demokratisches Staatswesen aufbauen lassen könnte.

Es ist und bleibt eine Binsenwahrheit, dass die Beziehungen zwischen den Staaten (oder Staatengruppen) seit jeher – und auch in Zukunft – entscheidend durch ihre jeweiligen Interessen bestimmt werden. Sie müssen keineswegs widerspruchslos übereinstimmen, sondern können auch unter sogenannten Freunden oder Verbündeten auseinanderlaufen. Dabei pflegen sich diese Interessen kaum je allein oder auch nur überwiegend auf eine Wahrung der erwähnten Grundwerte zu richten. Regelmäßig – oder doch weit überwiegend – geht es vorrangig um wirtschaftliche oder machtpolitische Gesichtspunkte. Umso weniger ist für einen wie auch immer begründeten weltanschaulichen »Kreuzzug« gegen islamische geprägte Länder der geringste vernünftige Anlass erkennbar. Im Gegenteil: Unversehens könnte er in einer Menschheitskatastrophe enden.

Weder das Dschihad-Verständnis der Salafisten noch die Wahnsinnsideen vom weltweiten IS-Kalifat sind zwingend Bestandteil der islamischen Religion. Schon gar nicht lassen sie sich mit einem wörtlichen Verständnis der Suren des Korans begründen. Dies gilt umso mehr, als es sich zwar dabei um die Niederschrift von Lehren des Propheten Mohammed handelt, die aber unbestritten von seinen Jüngern, also nicht aus der eigenen Hand stammen.

Eigentlich sollte es für jeden einsichtig sein, dass der Koran und die dazugehörigen Hadiths der Sunna genau wie ausnahmslos alle Heiligen Schriften der drei monotheistischen Religionen auslegungsbedürftig sind. Das war und ist freilich bei allen von ihnen heiß umstritten. So geht der durch Luther und Calvin begründete protestantische Glaube grundsätzlich vom Recht – ja der Pflicht – jedes einzelnen Christenmenschen aus, die Bibel selbst zu lesen und folglich auch nach seinem eigenen Verständnis auszulegen. Als streng gehütetes Privileg behält sich hingegen die katholische Kirche die Auslegung und deren Umsetzung ins tägliche Leben der Gläubigen selbst vor. Nicht anders ist es im Islam: Unbeschadet des hinzukommenden Zwistes zwischen der sunnitischen und der schiitischen Lehre (sowie deren jeweiligen Abwandlungen) gibt es auch dort seit jeher den gleichen fundamentalen Dissens über die Bedeutung der heiligen Texte.

Und auch dort hat dieser grundsätzliche Streit nicht nur einmal in der Geschichte zu bösesten Auseinandersetzungen geführt. Bis in den heutigen Tag hinein tobt er unvermindert weiter – bei uns in Deutschland mit dem eher skurrilen Erfolg, dass fanatische antiislamische Eiferer wie beispielsweise die zeitweise sogar durch so seriöse Publikationsmedien wie die »Frankfurter Allgemeine Zeitung« gehätschelte Vielschreiberin Necla Kelek und deren (in anderem Zusammenhang bis zu Thilo Sarrazin und der BILD-Zeitung reichendes) Gefolge sich das gleiche grundsätzliche Verständnis des Korantextes zu eigen machen wie die übelsten Salafismus-Hetzer.

Die Schlussfolgerung liegt auf der Hand: Jeder Versuch, den Durchbruch der fraglichen »westlichen« Grundwerte auch in den sich auf den Koran berufenden Regionen durch einen modernen Kreuzzug zu erzwingen, ist nicht nur zum Scheitern verurteilt, er ist ebenso dumm wie gefährlich. Schon gar nicht bietet ein ungezügeltes kapitalistisches System, gepaart mit militärischer Nachhilfe, dafür die geeigneten Werkzeuge. Wenn wir weiter fest auf die allgemeine Durchsetzung der in der Verfassung der Vereinigten Staaten von Amerika niedergeschriebenen Grundwerte als die für eine gedeihliche Zukunft der gesamten Menschheit unverzichtbare Errungenschaft der Aufklärung hinwirken wollen, dann bedarf es zweier Eigenschaften. Sie fallen in einer Zeit, die durch den Druck ständig stattfindender Wahlauseinandersetzungen und den sie begleitenden Medienrummel gekennzeichnet ist, alles andere als leicht: Mut und Geduld.

Mut: Er wird dringend benötigt, wenn es darum geht,

trotz der unerträglich grausamen Bilder und Nachrichten, mit denen uns das inzwischen schon fast weltweite Wirken der Kalifatsverbrecher täglich belastet, kühlen Kopf zu behalten. Zweifellos gibt es Menschen, mit denen man nicht reden kann, weil sie offensichtlich irrsinnig sind. Als Gegenwehr gegen ihren Wahnsinn ist die klare Bereitschaft zur Gegengewalt unentbehrlich. Erfolgreich wird ein solcher Weg freilich erst dann sein können, wenn entschlossene militärische Gegengewalt glaubhaft von der Überzeugung geleitet wird, dass eine ebenso einseitige wie grundlegende Verdammung – anstelle einer differenzierenden Betrachtung – des islamischen Glaubens gröblich verfehlt wäre. Bleibt dies aus, wird im Ergebnis nichts anderes übrig bleiben, als dass islamische Glaubensrichtungen in gemeinsamer Abwehrhaltung zusammenrücken, obwohl sie selbst genau wissen, dass sie eben nicht zusammengehören: Menschen, die friedlich ihren Glauben leben wollen, ohne ihn anderen gewaltsam aufzuzwingen, denen Fanatiker gegenüberstehen, deren Verstand ebenso benebelt ist wie ihre Fähigkeit, mitzufühlen.

Oder, wie es der leider viel zu früh verstorbene jüdisch-britische Historiker Tony Judt formuliert hat: »Wenn manche ... von der EU als einem ›judäochristlichen Klub‹ sprechen, möchte ich mich ... am liebsten übergeben. ... Eine Union, in der schon mehr als

15 Millionen Muslime leben und die sich dennoch als christlicher Klub präsentiert, macht sich selbst handlungsunfähig gegenüber der muslimischen Welt.« (DIE ZEIT, Nr. 33/2010)

Geduld: Es kann noch Generationen andauern, bis sich ein erfolgreiches Ergebnis der Bemühungen abzeichnet, ein dauerhaft friedliches Miteinander der grundlegend unterschiedlichen islamischen Glaubensbekenntnisse zu sichern. Nicht anders als im Verlauf der abendländischen Geschichte wird das eines Tages trotzdem geschehen. Keine wie auch immer geartete Religion kann sich auf die Dauer mit noch so starken Mauern gegen die Kraft der Aufklärung, gegen die Fähigkeit der Menschen zur Vernunft, gegen ihre Mündigkeit abschotten. Zunehmend werden dazu vielfältige Stimmen aus dem mohammedanischen Bereich beitragen, die längst schon begonnen haben, sich ebenso unüberhörbar wie mutig gegen eine Verbiegung ihres Glaubens zur Wehr zu setzen. Der Prozess wird mühselig bleiben, es wird immer wieder Rückschläge geben, doch am Ende wird sich der Erfolg als unaufhaltsam erweisen.

Eine Voraussetzung ist freilich dafür unverzichtbar: Es muss gelingen, jenes in unserer »westlichen« Gesellschaft verbreitete Dogma zu brechen, wonach sich alle Probleme sozusagen als Gottesurteil von selbst erledigen, wenn nur den weltlichen »Marktkräften« und mit ihnen den privaten Wirtschaftsunternehmen freier Lauf gelassen wird. Was geschieht, wenn »die Märkte« Oberhand über die Politik gewinnen, hat die Finanzkrise gezeigt, die in den Jahren ab 2007/2008 um ein Haar die Welt in eine Katastrophe hereingerissen hätte. Sie darf sich niemals wiederholen, wenn der weltweite Siegeszug der freiheitlich-demokratischen Grundlagen unserer Gesellschaft nicht schließlich doch dem Ansturm des Irrationalen erliegen und in einem tödlichen Zusammenbruch enden soll.

Wohlgemerkt: die Rede ist nicht vom marktwirtschaftlichen System als solchem. Alle anderen Unterfangen, den Wohlstand freier Menschen durch staatliche Vorgaben zu organisieren, ob die kommunistischen Unterdrückungen sowjetischer oder chinesischer Prägung, ob staatswirtschaftliche Versuche unterschiedlichster Art, sind gescheitert (oder werden sich grundlegend wandeln müssen). Auch Traumtänzer wie der zeitweilige griechische Politclown Varoufakis werden daran nichts ändern. Vielfach erwiesen ist, dass es im Prinzip nichts Besseres als eine marktwirtschaftliche Organisation des wirtschaftlichen Geschehens gibt. Doch auch dieses System wird mit Sicherheit versagen, wenn es dem jeweiligen Staat nicht gelingt, das freie Spiel der unternehmerischen Kräfte in geordnete Bahnen zu zwingen und darin zu halten.

Dafür ist eine Wahrheit aus der Bibel unverzichtbar. Sie ist ebenso alt wie einfach – und doch immer wieder vergessen worden, wenn die Gier der Menschen nach materiellen Werten, nach Geld und Besitz, Oberhand behalten und lebensgefährliche Krisen ausgelöst hat: *Der Mensch lebt nicht vom Brot allein…*

Diejenigen im Lager der marktwirtschaftlichen Holzköpfe, die mit nahezu weltanschaulichem Furor darum kämpfen, staatliche Vorschriften (die sich beispielsweise aus dem so wunderbar klaren Wortlaut unseres Grundgesetzes – »Eigentum verpflichtet« – ableiten) so weit wie möglich einzuengen (oder gar ganz abzuschaffen), sprechen in diesem Zusammenhang gern und mit abschätzigem Tonfall von »Regulierungen«. Nicht zuletzt in der politischen Auseinandersetzung zwischen demokratischen Parteien ist dieses Thema besonders beliebt. Regelmäßig versuchen die selbstberufenen Hüter der Freiheit vor staatlicher Bevormundung, Stimmengewinne einzufahren, indem sie gegen übertriebene Steuern, sozialpolitische Gesetze oder Maßnahmen zum Umweltschutz polemisieren. An der grundsätzlichen Notwendigkeit, den reißenden Strom materieller Eigeninteressen zwar mit Augenmaß, aber doch unbeirrbar in verlässliche Uferbefestigungen zu zwingen, ändert das allerdings nichts.

Der Streit über das erforderliche Ausmaß solcher Regulierungen wird nie zu Ende gehen. Im Einzelnen gibt es dafür keine gottgewollten Bedingungen. Dass es unerträglich ist und bleibt, wenn 2013 die Jahresbezüge der Chefs von immerhin sieben der dreißig größten Unternehmen der USA höher waren als die durch diese Firmen abgeführten Steuern, dürfte jedenfalls für sich sprechen – als kleines Beispiel dafür, dass keine freiheitlich und demokratisch organisierte Gesellschaftsordnung auf die Dauer existieren kann, die widerstandslos einer sich immer weiter vertiefenden Kluft zwischen zunehmender Armut eines großen Bevölkerungsteils und dem explodierenden Reichtum einer kleinen Minderheit zusehen würde.

Wenn überhaupt zu einem »Kreuzzug« aufgerufen werden darf, dann also bestimmt nicht in dem Sinne, mit allen Mitteln, rechtsstaatlichen wie ungesetzlichen, ausnahmslos alle vermeintlich unbelehrbaren Anhänger des Islam als »Terroristen« zu tilgen – sondern allenfalls dann, wenn es um den entschlossenen Kampf gegen die ungezügelte Geldgier einzelner Menschen oder ihrer Organisationen geht. Menschen, die hungern und frieren müssen, deren Kinder keinerlei Chancen auf eine wenigstens einigermaßen erfüllte Zukunft haben: solange sie in ihrer Armut und Hoffnungslosigkeit allein gelassen werden, solange werden religiöse

Rattenfänger immer wieder fruchtbaren Boden für ihre Irrlehren und Heilsversprechen finden...

Allerdings stimme ich insofern (und ausnahmsweise) mit dem hochintellektuellen französischen Vielschreiber Bernard-Henri Lévy überein, der sofort nach dem schrecklichen Attentat in Paris gegen die Redaktion von »Charlie Hebdo« dazu aufgerufen hat, endlich damit Schluss zu machen, selbst noch die schlimmsten verbrecherischen Abirrungen eines fehlgeleiteten Islamismus mit der vermeintlich durch den bösen Westen verursachten sozialen Rückständigkeit der arabischen Menschen zu rechtfertigen. Vergleichbar wäre eine solche Kurzsichtigkeit mit der Dummheit, das geistesgestörte Gehabe der sogenannten »IS-Kämpfer«, sich nach dem Mord an unschuldigen Menschen siegestrunken mit vermummten Gesichtern und gen Himmel geschwenkten Kalaschnikows auf ihren LKWs filmen zu lassen, mit dem unschuldigen Freudentaumel zu vergleichen, den die Gewinner eines olympischen Winterwettbewerbs zum Besten zu geben pflegen. Nein: Gegen gewissenlose Mörder helfen keine Argumente und keine Gesprächsbereitschaft, kein ziviler Mut und keine Geduld – sondern nur wehrhafte Härte.

Weder Mut noch Geduld sind ohnehin ein Selbstzweck, der alles andere erübrigt. Zweifellos zu Recht wird Angela Merkel immer wieder und allseits dafür bewundert, mit welcher Beharrlichkeit sie noch die kompliziertesten innen- wie außenpolitischen Verwirrspiele bewältigt. Freilich lässt eben dieses großartige Talent immer wieder von neuem die Frage offen, ob es eigentlich eine Leitidee gibt, die das Denken und Handeln der Bundeskanzlerin bestimmt. Im Verlauf der Griechenland-Krise und im Zusammenhang mit den beschämenden Auseinandersetzungen der Mitgliedsländer über die Aufteilung der Flüchtlingsströme hat sich dieser Mangel als Beitrag zu einer existenziellen Gefährdung der Solidarität und damit einer entscheidenden Grundidee der Europäischen Union erwiesen.

Zwar halte ich, wie gesagt, in der grundlegenden Auseinandersetzung über die Grundwerte der Aufklärung, um die es hier geht, Kreuzzüge für lebensgefährlich – eine auch für die Frau und den Mann auf der Straße erkennbare Leitidee sollten wir dabei allerdings schon haben...

Sicherlich wird sich eine solche Leitidee nicht auf einen einzigen plakativen Kernspruch einschmelzen lassen. Dazu sind die Fragen, um die es geht, viel zu kompliziert. Insofern ähnelt die Herausforderung zweifellos derjenigen, um die es bei der Gestaltung der europäischen Zukunft geht, um das Ziel, die Europäische Union zu Vereinigten Staaten von Europa weiterzuentwickeln. Doch in beiden Fällen gibt es auf die Dauer kein Entrinnen vor der zwingenden Notwendigkeit, auch den einfachen Menschen dieser Erde zunächst glaubhaft zu erklären, warum und wozu es sich für alle von uns lohnt, zugunsten Dritter Opfer und Entbehrungen auf uns zu nehmen, damit das Ziel erreicht werden kann.

In der epochalen Auseinandersetzung, von der die Rede ist, geht es in der Tat um die Durchsetzung der auf die Errungenschaften der Aufklärung gegründeten westlichen Grundwerte. Sie kann und wird gelingen, wenn sich die Fähigkeit und Bereitschaft zur ruhigen – und dennoch unbeirrbaren – Argumentation paart mit der Entschlossenheit zum Handeln immer dann, wenn sich blinder Hass zu rücksichtsloser Brutalität hinzugesellt.

Eine breite – und im Zweifel skeptische – Öffentlichkeit wird freilich selbst dann, wenn die verantwortlichen Politikerinnen und Politiker sowohl über Mut als auch über Geduld verfügen sollten, nicht leicht davon zu überzeugen sein, dass sich die Grundwerte der Aufklärung am Ende durchsetzen werden. Als klare und unmissverständliche Leitidee muss von vornherein die unerschütterliche und durch nichts zu ersetzende Überzeugung hinzukommen, dass Friede und Wohlstand für jeden von uns, ob dunkel- oder hellhäutig, ob Frau oder Mann, ob Christ, Muslim, Jude oder Buddhist, nur dauerhaft zu sichern sind, wenn die uns allen gemeinsamen Grundregeln der menschlichen Vernunft die Oberhand behalten – Oberhand gegenüber jeglichen Versuchungen zur Irrationalität, mögen sie noch so verlockend daherkommen.

Irrationalität: Kaum jemand unter uns Sterblichen wird vermutlich von sich behaupten können, noch nie an sich selbst die Sehnsucht nach Unsterblichkeit verspürt zu haben. Ausnahmslos bauen – zumindest in einem gewissen Sinne – alle drei monotheistischen Religionen, die christliche, die islamische wie die jüdische, auf die Hoffnung, ja, das Versprechen, dass ein an der Einhaltung ihrer jeweiligen Grundregeln ausgerichtetes Leben den Menschen die Gnade des allmächtigen Gottes und in der Folge ein ewiges Leben schenken wird. Unzählige Menschen empfinden diesen Glauben mit der vollen Überzeugung ihres Denkens als Grundgesetz ihres Daseins auf Erden.

Ganz und gar unzulässig wäre es daher, ihren Glauben mit dem Etikett der Irrationalität zu versehen und abzutun. Von Grund auf irrational ist hingegen die Überzeugung, dass es nur eine einzige Religion und deren Lehren gibt, denen es gegeben ist, den Menschen Unsterblichkeit zu gewähren. Zwar haben uns das die jeweiligen Propheten vergewissert. Doch auch sie waren nur Menschen. Ihre gegenläufigen Behauptungen und Lehren sind zwangsläufig unbewiesen und unbeweisbar. Grausig genug hat hingegen die Geschichte der Menschheit immer wieder von Neuem aufgezeigt, dass es nur ein Mittel gibt, zu verhindern, dass sich die Menschen um dieser Lehren willen gegenseitig abschlachten. Es heißt Toleranz – und bedeutet, die Meinungsfreiheit aller anderen zu achten, solange sie mir auch umgekehrt die Freiheit zur eigenen Meinung und damit auch zum eigenen Glauben lassen.

Natürlich darf ich mir nicht anmaßen, mich in die langwierigen Auseinandersetzungen der hochberühmten philosophischen Weisen darüber einzumischen, was genau darunter zu verstehen ist, wenn die Lehre der Aufklärung als entscheidendes Kriterium auf die jedem Menschen angeborene Gabe zur Vernunft setzt. Weitgehend unbestritten ist immerhin der berühmte Satz, den Immanuel Kant dazu 1784 als übereinstimmende Überzeugung aller seiner großen europäischen Kollegen aufgeschrieben hat: »Aufklärung ist der Ausgang des Menschen aus seiner selbst verschuldeten Unmündigkeit« – wobei mit »Unmündigkeit« das Unvermögen gemeint ist, sich ohne Anleitung durch einen Dritten des eigenen Verstandes zu bedienen, und »selbst verschuldet«, wenn dieses Unvermögen am fehlenden eigenen Mut liegt.

Kants berühmte Aufforderung: »Sapere aude« – habe den Mut, dich deines Verstandes zu bedienen – ist auf diese Weise zur grundlegen Leitidee der europäischen Aufklärung geworden. Sie gilt unverändert bis heute und wird sich trotz aller wie auch immer gearteter weltanschaulicher Auseinandersetzungen, mögen sie, wie das zurzeit der Fall ist, noch so gefährlich oder gar lebensbedrohend erscheinen, überall auf der Erde und in allen Kulturkreisen durchsetzen. Am Ende erweist es sich doch immer wieder von Neuem als wahr, dass uns Menschen die Fähigkeit und der Mut zur Vernunft zu eigen ist: Ob der immer wieder neu aufflammende Ehrgeiz einzelner, die Macht über ihre Mitmenschen an sich zu reißen, ob die Gier der Menschen nach materiellen Gütern oder ihre Sehnsucht nach Unsterblichkeit – keine dieser Verführungen hat die Chance, dauerhaft zu obsiegen.

Scheuklappen

Zu den beliebtesten Spielzeugen professioneller Anlage-
berater und Finanzgurus zählt die Entwicklung des
Börsenwertes eines Wirtschaftsunternehmens. Über
Jahrzehnte hinweg lagen die großen Ölfirmen zusammen mit weltbekannten Herstellern von Indus-
triegütern – wie etwa General Motors oder General
Electric – an der Spitze der einschlägigen Ranglisten.
Inzwischen sind sie (und mit ihnen die traditionell
gleichfalls hoch bewerteten Banken) durch Newcomer
überrundet worden, deren Marktangebote auf der An-
wendung von Erkenntnissen der Informationstechnolo-
gie beruhen. Mit einem Wertansatz von mehr als 720
Milliarden Dollar steht die Firma Apple (die sich vor
kaum mehr als 25 Jahren, also gegen Ende der achtziger
Jahre des 20. Jahrhunderts, noch an der Schwelle zur
Pleite befand) weit an der Spitze, Google – das sich offiziell als »Dienstleister« versteht – und Microsoft liegen
bei etwa der Hälfte dieser unvorstellbaren Summe, erst
danach folgt Exxon als das führende Ölunternehmen.

Zum nicht geringen Teil hat das gewiss mit der Spekulation von Anlegern auf das schnelle Geld zu tun. Kein einigermaßen seriöser Beobachter wird daher ausschließen wollen, dass sich zumindest einige der heutigen Börsenlieblinge – nicht anders als um die Jahrtausendwende eine Unzahl von hochgejubelten Neugründungen der sogenannten »New Economy« – als quasi Luftblasen herausstellen könnten, die eines Tages platzen. Wesentlich interessanter ist freilich der grundlegende Mentalitätswandel, der das Entstehen und das Werden solcher Unternehmen prägt.

Die – männlichen oder weiblichen – Gründer bauen nicht etwa auf Kenntnisse und Fertigkeiten, die sich über Generationen hinweg bewährt haben. Ganz bewusst und mit unerschütterlichem Selbstvertrauen setzen sie vielmehr auf grundlegend neue Einfälle, genannt »Geschäftsmodelle«. Ausnahmslos geht es um die geschickte – teilweise auch durchaus skrupellose – Ansammlung von Kundendaten, die unter Verwendung der schon erwähnten neuen Technologien, von denen noch vor dreißig Jahren kaum jemand etwas geahnt hat, zu gänzlich neuartigen »Produkten« verarbeitet und auf die Märkte geworfen werden.

Gefangen in den Fesseln ihrer erlernten Berufe laufen in der Folge ganze Heerscharen von Menschen, die für die Zukunft der traditionell erfolgreichen Industrieunternehmen Verantwortung tragen, Gefahr, im Sinne des Wortes den Anschluss zu verlieren. Allenfalls unter größten Anstrengungen und jedenfalls mit ebenso deutlicher wie gefährlicher zeitlicher Verzögerung gelingt es ihnen, ihre Scheuklappen abzulegen. Nicht nur die Meute der medialen Klugschreiber, die alles wissen und auf alles eine Antwort haben, sondern auch durchaus ernstzunehmende Beobachter treibt deswegen sehr zu Recht die Frage um, ob wir uns womöglich inmitten einer grundlegenden Revolution allen Wirtschaftens befinden, wie sie die Welt noch nie gesehen hat und die keinen Stein mehr auf dem anderen lässt.

Mit der Prophezeiung, dass über kurz oder lang die traditionelle Arbeit in den Fabriken durch eine umfassende Vernetzung und intelligente Flexibilisierung des Maschinenparks ersetzt werde, beherrschen inzwischen Stichworte wie »Industrie 4.0« die Schlagzeilen. Wer diese Entwicklung verschläft, soll demnach genauso dem sicheren Untergang geweiht sein wie – mit der sozusagen »klassischen« Automobilindustrie an der Spitze – derjenige, dem es nicht gelingt, seine Produkte mit Hilfe ausgeklügelter Datenverarbeitung und Kommunikationstechnik bis ins letzte Detail hinein »intelligent« zu machen.

Mag sein, dass sich hinter alle dem kaum mehr verbirgt als das Gackern einer aufgeregten Hühnerschar.

Bekanntlich hat schon der unsägliche frühere amerikanische Verteidigungsminister Donald Rumsfeld mit seiner ebenso arroganten wie dummen Unterstellung vollauf danebengelegen, man könne das heutige Europa als »alt« abtun und damit auf den Kehrichthaufen der Geschichte befördern. Wer könnte also ganz sicher sein, dass alle diejenigen die reine Wahrheit gepachtet haben, die meinen, die traditionellen Industrieunternehmen und ihre Produkte seien auf dem Hintergrund der allgemeinen technologischen Entwicklung dem Untergang geweiht, sofern es ihnen nicht gelingt, sich grundlegend zu wandeln und damit rechtzeitig auf ein neues Zeitalter einzustellen?

Doch Revolution oder nicht: Unübersehbar ist, dass in ausnahmslos allen Teilen der Welt längst eine junge Generation von Unternehmern auf der einen, von Marktteilnehmern auf der anderen Seite heranwächst, für die der Umgang mit den neuen Technologien der Datenverarbeitung und Kommunikation zur täglichen Selbstverständlichkeit geworden ist. Schlichtweg leichtfertig wäre es, davor die Augen zu verschließen, dass dies unvermeidlich irgendwann Folgen für das eigene Wirken auslösen muss. Wer also nicht offenen Auges riskieren will, die Existenz seines Unternehmens – und damit zugleich der Menschen, die davon leben – aufs Spiel zu setzen, kommt nicht daran vorbei, die althergebrachten Traditionen und die darauf gründenden Errungenschaften grundlegend zu überdenken – und sich auf jeweils seine eigene Weise rechtzeitig auf einen tatsächlich epochalen Wandel einzustellen.

Von der Verantwortung war schon die Rede, die auf einem solchen Hintergrund mit den Entscheidungen verbunden ist, denen sich eine Unternehmensleitung zu stellen hat. Bei Daimler-Benz zielten sie vor gerade einmal 25 Jahren zunächst und vorrangig darauf, unsere Marktposition als weltweit führender Automobilhersteller zu sichern. Das aber machte es zwingend, unsere technischen Erfahrungen und Fähigkeiten weit über den Schwerpunkt unseres traditionellen Wissens hinaus auszudehnen.

Bis dahin gab es weltweit niemanden, der uns in dem Können übertroffen hätte, Metall (und eine Reihe anderer Werkstoffe) zu hochwertigen Automobilen zu verarbeiten. Von der rapide voranschreitenden Digitalisierung und ihren absehbaren Auswirkungen auf unsere Produkte verstanden wir hingegen allenfalls am Rande etwas. Wo Elektronik und die neuen Kommunikationstechnologien ins Spiel kamen, verließen wir uns traditionell auf außenstehende Zulieferfirmen. Genau das aber musste sich nun grundlegend ändern, wollten wir den Anschluss an die absehbare Entwicklung nicht verlieren. Mit anderen Worten: Wir mussten lernen, die neuen Technologien selbst zu beherrschen, anstatt uns auch weiterhin vorrangig auf Partnerunternehmen zu verlassen.

Zusätzlich wollten wir aber langfristig auch für den Fall vorbauen, dass die uns zugänglichen Automobilmärkte eines Tages stagnieren, also kein Wachstum mehr hergeben sollten. Alles in allem ging es also um eine unternehmerische Vorsorge im Interesse unserer Aktionäre, genauso wie um die Beschäftigungssicherung für unsere Mitarbeiterinnen und Mitarbeiter. Wir sahen sie in der Möglichkeit, die neu zu erwerbenden technologischen Fähigkeiten später einmal zu eigenständigen Geschäftsfeldern weiterzuentwickeln. Mit einem »Konglomerat« hatte das nicht das Geringste zu tun, vielmehr mit der Vorstellung, dass alle Tätigkeitsbereiche des Unternehmens als »integrierter Technologiekonzern« miteinander verknüpft sein und sich damit gegenseitig befruchten sollten.

Unausweichlich musste das zu einem Problem führen, das womöglich sehr viel schwerer wiegt als der Entschluss zu einer solchen Weichenstellung: der Frage nämlich, wie und mit welchen Mitteln es gelingen kann, einen als zwingend erkannten Wandel in die Realität des täglichen Lebens umzusetzen. Für jeden einzelnen unter uns mag das Rilkesche »Du musst dein Leben ändern«, selbst wenn es mit schweren Bedenken und bitteren Opfern verbunden sein sollte, noch eher einfach erscheinen. Mit Sicherheit trifft es auf die jungen Frauen und Männer zu, die mit ihren sogenannten »Start-ups« Neues versuchen und dabei nichts zu verlieren haben, weil es keine Schande für sie bedeutet, ihr neu gegründetes Unternehmen in den Sand zu setzen. Hingegen ist nichts mühseliger, als einen Wandel großer Organisationen herbeizuführen, der an den Kern des überkommenen Selbstverständnisses rührt. Zähigkeit und Entschlossenheit gehören dazu – aber noch viel mehr: Glück und Geduld.

Deutlich genug wird das sofort an dem schon angedeuteten Beispiel der katholischen Kirche. Wenn wir uns die Last, die Mühen und die Gefahren vor Augen halten, mit denen dort – ganz zu schweigen von grundlegend neuen Wegen – selbst behutsame Abweichungen von überkommenen Traditionen verbunden zu sein pflegen, kann einem Angst und Bange werden. Kaum anderes gilt auch für die großen politischen Parteien, für gewachsene Gewerkschaftsorganisationen, für eingefahrene gesellschaftliche Traditionen – und eben nicht zuletzt für große Wirtschaftsunternehmen, die auf eine lange Erfolgsgeschichte zurückblicken können.

Bei Daimler-Benz hatte sich nicht nur die große Schar unserer hervorragend qualifizierten Ingenieure, sondern mit ihnen die gesamte Belegschaft daran gewöhnt, für ein Unternehmen zu arbeiten, das die besten Automobile der Welt entwickelte und baute. Die Nachfrage in Deutschland, in Europa und in Übersee hatte das jeden Tag von neuem bestätigt. Man war schlichtweg stolz darauf, dort angestellt zu sein – und bekam dies durch die ungeteilte Bewunderung des privaten Umfelds bestätigt.

Traditionell wurde dabei eine perfekte Vernetzung – im Sinne einer mehrdimensionalen gegenseitigen Verbindung – der einzelnen Aggregate, vom Motor über das Getriebe und die Achsen bis hin zur Karosserie – (einschließlich einer Fülle weiterer Teilelemente wie der Belüftung, der Heizung, der Sitzverstellung oder der Fensterheber) im Wesentlichen auf mechanischem Wege bewirkt. In aller Regel ging es also um das – wenn auch teilweise äußerst komplizierte – Zusammenwirken von Teilen, die aus materiellen Werkstoffen hergestellt wurden. Elektrische Energie wurde hingegen vor allem dafür benötigt, um einzelne kleinere dieser Werkstücke anzutreiben, und durch die eingebauten Batterien erzeugt. Dass Sensoren äußere Impulse aufnehmen und Reaktionen bei bestimmten Aggregaten (bis hin zum Motor) auslösen konnten, hatte erst wenige Jahre zuvor begonnen, sich herumzusprechen – und gehörte vornehmlich als eine Art von mehr oder minder geschütztem Spezialgebiet zum Arbeitsbereich von so hochqualifizierten Zulieferfirmen wie der Firma Bosch.

Die Erkenntnis, dass diese ganze heile Welt vor einer revolutionären Umwälzung stand, wollte sich jedenfalls gegen Ende des vergangenen Jahrhunderts noch nicht so recht in den Köpfen durchsetzen. Ähnliches galt für die Werkstoffe, die traditionell in der Automobilindustrie verwendet wurden. In anderen Bereichen der industriellen Wirtschaft hatte hingegen die Revolution schon längst begonnen, deutliche Spuren zu hinterlassen.

Neben der Rüstungsindustrie zählte vor allem die Luft- und Raumfahrt dazu: der Umgang mit modernsten Werkstoffen, unter anderem mit Kohlenstoffverbindungen, war dort schon genauso an der Tagesordnung wie die Verwendung der auf Digitalisierung beruhenden neuen Kommunikationstechnologien mit ihren früher unvorstellbar schnellen Möglichkeiten zur Übermittlung großer Datenmengen. Was also lag für eine Unternehmensleitung, die eher an die langfristige Sicherung der eigenen Wettbewerbsposition als nur an die kurzfristige Steigerung des Gewinns dachte, näher, als entschlossen zu versuchen, so schnell und konsequent wie möglich die neuen technologischen Spielräume für die eigenen Produkte zu nutzen?

Von vornherein war dabei klar, dass es Zeit und Geduld brauchen würde, eine so hoch qualifizierte Belegschaft und ihr in einer einzigartigen Erfolgsgeschichte wurzelndes Selbstbewusstsein davon zu überzeugen, dass die sich neu eröffnenden Wege zwar die Abkehr von vielen bewähren Gewohnheiten, aber eben auch großartige neue Chancen mit sich bringen würden. Der Versuch wurde mitten auf dem Weg bewusst wieder abgebrochen, weil manche verantwortungslosen Glücksritter die Geduld verloren, indem sie es lieber vorzogen, allein auf schnellen Profit zu setzen und die Zukunft sich selbst zu überlassen. Inzwischen hat man sich zwar wieder mit großer Tatkraft eines Besseren besonnen. Der damals angestrebte und teilweise auch schon greifbar nahe gewesene Vorsprung ist freilich dahin: Man ist nicht mehr als einer von mehreren Teilnehmern in einem Kopf-an-Kopf-Wettbewerb.

Umgekehrt steht nun freilich eine ganz andere Herausforderung vor der Tür: die Sorge, dass die nahezu uferlos erscheinenden Möglichkeiten der sich rapide weiter entwickelnden neuen Technologien manche Köpfe zu ebenso leichtfertigen wie gefährlichen Abenteuern verleiten könnten. Auch das scheint nämlich uns Menschen zutiefst angeboren: Während wir uns nur höchst ungern und allenfalls zögerlich von überkommenen Traditionen freizumachen pflegen, neigt mancher Esel, wenn er sich denn doch auf den Weg gemacht hat, dazu, allzu schnell die alte Weisheit zu vergessen, dass man erst dann beginnen sollte, auf einer Eisdecke zu tanzen, wenn man sich vorher vergewissert hat, dass sie dick genug ist um nicht zu brechen...

Scheuklappen: Verlässliches Hilfsmittel, um jegliche Störungen zu vermeiden, die den ruhigen Gang des Gefährtes stören könnten? Zugleich Ursache der Gefahr, die Gabelung zu dem Weg zu verpassen, der schneller, besser und sicherer zum Ziel führt? Oder gar die Verführung, alle Vorsicht zu vergessen und blind in einen Abgrund zu galoppieren?

Fragen über Fragen

»Der Mann soll einen Baum pflanzen, ein Haus bauen und einen Sohn zeugen«: so heißt es hie und da bei frommen Feierlichkeiten (wobei heutzutage wahrscheinlich auch eine Tochter zumindest nicht von vornherein verpönt sein dürfte)…

Das klingt recht einfach. Mir scheint trotzdem, dass sich dahinter eine tiefe Weisheit verbirgt. Man erkennt sie womöglich erst dann, wenn sich die eigene Wegstrecke ihrem Ende zuneigt. In glücklichen Augenblicken weichen dann gelegentliche Gefühle voll tränenreicher Elegie oder gar der Verzweiflung über das Schicksal einer gelassenen Ruhe. Der innere Blick richtet sich auf die Frage, was man eigentlich im Verlauf seines Lebens erreicht und geleistet hat. Plötzlich ahnt man, wie zufrieden man sein darf, wenn man die drei Erwartungen des Bibelspruchs erfüllen durfte. Mir jedenfalls ist es so ergangen: Ja, einen Baum gepflanzt habe ich, ja, ein Haus gebaut, ja, einen Sohn gezeugt.

Oder gibt es vielleicht doch noch ein wenig mehr, was zählen könnte?

Genau da setzt Zweifel ein. Kann man überhaupt in der kurzen Spanne eines menschlichen Lebens etwas bewerkstelligen (um nicht zu sagen: erreichen), das über die drei Ziele hinausreicht? Darf man solches auch nur versuchen, ohne sich Schuld gegenüber den nachfolgenden Generationen aufzuladen? Und selbst dann, wenn die Antworten auf solche und ähnliche Fragen allesamt bejahend ausfallen sollten: Gibt es Maßstäbe, an denen jegliche Versuche zu messen sind, die Grenzen der eigenen Lebensspanne zu sprengen?

Warnzeichen dafür, wie verderblich das Bestreben werden kann, der Zukunft die eigene Handschrift aufzuprägen, liefert die Geschichte zur Genüge. Das wohl schrecklichste Beispiel trägt den Namen Adolf Hitler. Seine Untaten müssen nicht näher erläutert werden, sie sind bekannt.

Von Anfang an, womöglich schon seit seiner vertanen Jugend in Wien, spätestens aber seit der Rückkehr aus dem Ersten Weltkrieg, verfolgte ihn die wahnsinnige Vorstellung, dass die Juden an jeglichem Missgeschick der Geschichte schuld seien. Zunächst beschränkte er sich noch auf die Schlussfolgerung, dass man das Unheil nur heilen könne, indem man die Juden nach Art einer medizinischen Quarantäne auf einem streng gegen die Außenwelt isolierten Gebiet ansiedelt. Doch es sollte nicht lange dauern, bis er einsah, dass dieses Ziel allzu utopisch war, mehr noch, dass es ihm während seiner Lebenszeit nicht gelingen könne, es in die Tat umzusetzen. So verfiel er auf den Holocaust – verbunden mit der festen Überzeugung, dass er allein nicht nur vom Schicksal bestimmt, sondern auch dazu befähigt sei, ihn als historische Aufgabe in die Tat umzusetzen.

Nichts anderes gilt für die weitere Wahnidee: den angeblichen Zwang, der (eingebildeten) deutschen Nation im Osten des europäischen Kontinents mit Gewalt jenen »Lebensraum« zu schaffen, der ihr von den neidischen Nachbarmächten verweigert werde, weil sie Angst hätten vor den herausragenden Tugenden der (vermeintlichen) germanisch-arischen Rasse. Hinreichend belegt ist, dass, genau wie bei der geistesgestörten Beschlussfassung über den Holocaust an Juden und Zigeunern, auch der Beginn des Zweiten Weltkrieges genau wie der spätere Überfall auf die Sowjetunion entscheidend durch die Überzeugung getragen waren, dass nur er, der »Führer« Adolf Hitler, eine solche Großtat der Geschichte vollenden könne.

Dieser Jahrtausendverbrecher war zwar womöglich wegen des Ausmaßes seines irrationalen Wahnsinns eine einzigartige Erscheinung. Andere Selbstherrscher oder Diktatoren gibt es jedoch zuhauf, von deren apokalyptischem Ehrgeiz eine Unzahl von Menschen in ähnlich schrecklicher Weise betroffen war.

Den Kaiser Napoleon Bonaparte trieb die Vorstellung um, dass er – und nur er allein – dazu bestimmt sei, unter französischer Führung und Leitungsmacht ein umfassendes europäisches Reich ins Leben zu rufen. Das Ende ist bekannt. Der gleichfalls von Wahnideen – wenn auch gänzlich anderer Natur – getriebene chinesische Diktator Mao Tse-tung zwang seinem Land jene schreckliche »Kulturrevolution« auf, der Millionen von unschuldigen Menschen zum Opfer fielen, nur weil er davon überzeugt war, er könne und müsse eine vermeintlich gänzlich neue, in der bisherigen Geschichte noch nie dagewesene Gesellschaftsstruktur ins Leben rufen. Und Josef Stalin, obwohl vermutlich nicht durch vergleichbare Wahnvorstellungen getrieben, sondern rücksichtslos auf seine brutalen Machtinteressen bedacht, war offensichtlich fest davon überzeugt, dass er noch während seiner eigenen Lebzeiten das Werk eines dauerhaft gesicherten sowjetischen Weltreichs vollenden müsse.

Wo liegt die Grenze? Wo schlägt die Überzeugung, den richtigen Weg in eine gute Zukunft gefunden zu haben, in die Hybris um, allein dazu berufen zu sein, ihn unwiderruflich zum Ziel zu führen? Wer darf sich anmaßen, Entscheidungen in die Tat umzusetzen, die allenfalls unter größten Opfern rückgängig gemacht werden können? Ist es nicht auf dem Hintergrund der durch die Natur vorgegebenen Dauer eines Menschenlebens nachgerade ein ethisches Muss, die eigene Ungeduld zu zügeln und stattdessen bewusst hinzunehmen, dass die angestrebten Ziele jederzeit unter Berücksichtigung unvorhersehbarer neuer Umstände überprüft werden können – und müssen?

Ist es in diesem Sinne nicht zwingend, dass die unausweichlichen Grenzen menschlichen Handelns und mit ihnen die ethische Verantwortung, die zu ihrer Einhaltung zwingen, sich grundlegend danach unterscheiden, ob es sich um das auf ihre individuellen Lebensspanne begrenzte Verhältnis zwischen einzelnen Menschen handelt oder um die Auswirkung auf größere Gemeinschaften anonymer Beteiligter? Und wenn das so sein sollte: Wann wird die Grenze überschritten, an der sich das Bestreben, langfristig angelegte Entscheidungen und deren Umsetzung auf ein tief empfundenes Verantwortungsbewusstsein zu gründen, zur Hybris menschlichen Größenwahns wandelt?

Ich fürchte, dass es sich um ein veritables Dilemma handelt. Sein Charakter wird deutlich, wenn man einen Blick auf die Notwendigkeiten wirft, den Weg festzulegen, den große und traditionsreiche Institutionen zu gehen haben, damit ihr zukünftiges Bestehen gesichert wird. Dabei kann es sich um Gewerkschaften oder Universitäten handeln, Kirchen oder Wirtschaftsunternehmen. Ich selbst habe jedenfalls dieses Dilemma sehr deutlich empfunden, als wir uns während meiner Mitwirkung im Vorstand und später in meiner Verantwortung als dessen Vorsitzendem entschlossen haben, die geschilderten unternehmerischen Weichenstellungen in Angriff zu nehmen, durch die sich zum Schluss über nahezu ein ganzes Jahrhundert hinweg gewachsene Selbstverständnis der damaligen Daimler-Benz AG grundlegend verändern sollte.

Gefragt habe ich mich nicht nur im Nachhinein, ob ich nicht damals einer Art von Hybris erlegen bin. Immerhin ging es darum, einen Weg zu konzipieren und meinen Kollegen sowie dem Aufsichtsrat als den maßgeblichen Entscheidungsgremien vorzuschlagen, der zeitlich weit über die Strecke meiner absehbaren eigenen Verantwortlichkeit hinausführen musste. Alles in allem handelte es sich also um eine »Vision«.

Gewiss liegt da die Versuchung nahe, den Satz zu bedenken, den Altbundeskanzler Helmut Schmidt wohl einmal gegenüber einem vorlauten Journalisten fallen gelassen hat, der versuchte, ihm einen Mangel an visionärem Handeln vorzuwerfen: »Wer Visionen hat, sollte zum Arzt gehen.« Umso mehr war ich mir damals der Gefahr, zum Opfer meiner eigenen Hybris zu werden, durchaus bewusst. In diesem Sinne wusste ich zu jeder Stunde um meine Verantwortung gegenüber unseren Aktionären, unserer Belegschaft und darüber hinaus gegenüber der Allgemeinheit. Sie schloss die Möglichkeit ein, dass wir bei unserem Handeln von Überzeugungen ausgingen, die sich im weiteren Verlauf als falsch herausstellen könnten. Es mussten daher jederzeit genügend Spielräume dafür offengehalten werden, die getroffenen Entscheidungen revidieren zu können, ohne die Substanz des Unternehmens in Gefahr zu bringen.

Darüber waren wir uns von Anfang an im Klaren. Wie schon bei manchen vorangegangenen Entscheidungen sind uns, sind mir dabei Fehler unterlaufen. Das weiß ich. Es ändert nichts an meiner bleibenden Überzeugung, dass wir uns auf den richtigen Weg gemacht hatten. Und doch kann und will ich nicht leugnen, dass mich im Nachhinein gewisse Zweifel umgetrieben haben, die bis heute lebendig geblieben sind. Haben wir, habe ich mit meiner grundlegenden Einschätzung der Zukunft des automobilen Straßenverkehrs danebengelegen? Haben wir, habe ich allen anderen Beteiligten zu viel zugemutet – oder zugetraut? Darf ich mich also tatsächlich mit mir im Reinen fühlen?

Doch wer könnte, wer dürfte das schon so ohne weiteres, wenn man sich der Schwelle des Endgültigen nähert, die manche Freunde schon überschritten haben? Viele unter uns antworten auf solche Fragen mit ihrer religiösen Gewissheit. Mir ist sie nicht gegeben. Seit meiner Jugend habe ich immer wieder darüber nachgedacht (und gegrübelt), ob es irgendwelche geheimnisvollen Gesetze gibt, denen wir Menschen über den Tod hinaus unterworfen sind. Ich habe sie nicht gefunden.

In diesem Sinne – wenn auch nur in diesem Sinne – kann ich Albert Camus verstehen, wenn er (»Der Mythos des Sisyphos«) das menschliche Leben in die Kategorie des »Absurden« einordnet. Umso merkwürdiger mag die Schlussfolgerung erscheinen, von der ich seit Langem zutiefst überzeugt bin.

Ich werde, dessen bin ich gewiss, nach meinem Ableben nicht mehr sein. Ein höheres Wesen, vor dem ich mich zu verantworten habe und das mich zur Rechenschaft für mein irdisches Tun zieht, wird mir nicht begegnen. Noch nie habe ich mich durch einen Gott oder eine wie immer geartete Vorgabe für mein Leben sozusagen »fremdbestimmt« gefühlt. In letzter Instanz zu rechtfertigen hatte und habe ich mich einzig und allein vor mir selbst. Mag sein, dass man mir deswegen eine gewisse Nähe zur Philosophie des Existenzialismus nachsagen könnte (wobei ich gern zugeben will, dass ich von dem unsäglichen Geraune etwa eines Martin Heidegger nicht das Geringste, von den literarischen Werken sowohl von Sartre als auch von Camus durchaus mehr halte als von ihren philosophischen Fingerübungen).

Jedenfalls habe ich deswegen, weil ich seit jeher davon überzeugt war, mein Leben in eigener Verantwortung leben zu müssen, die Würde – und zugleich mit ihr die Pflicht – meines Daseins auf Erden darin gesehen, bei meinem Wirken nicht nur an mich selbst und meinen eigenen Vorteil zu denken, sondern mich als Glied einer Gemeinschaft anderer Menschen zu verstehen. Der Himmel ist leer – es liegt allein an dir, dich stets von neuem zu bemühen, es trotz allem wieder zu versuchen…!

Zu guter Letzt

Wie gesagt: Ich bin alt, uralt. In öffentlichen Verkehrs-
mitteln bieten mir regelmäßig junge Frauen ihren Platz
an. Manche derjenigen, denen dieses Buch in die
Hände gefallen ist, sind womöglich von vornherein zur
Tagesordnung übergegangen, bevor sie wenigstens einen Blick auf die Anmerkungen und Beobachtungen
eines ohnehin nach ihrer Überzeugung nicht mehr ernstzunehmenden Zeitgenossen geworfen haben. Ihnen
selbst bleibt es also überlassen, ob Sie mir jetzt zum
Schluss trotzdem für einen kurzen Augenblick ihre
Aufmerksamkeit schenken wollen.

Es geht uns gut – vielleicht zu gut. Das kann sich
ändern. Schneller als gedacht. Wir haben uns daran
gewöhnt, zuerst an uns selbst zu denken. Was schert es
uns, wenn andere Probleme haben, die uns nichts an-
gehen?

Unsere Welt ist das Display, auf dem Smartphone
oder dem Tablet. Anstatt unsere Zeit mit zeitrauben-
dem Lesen zu verschwenden, surfen wir durch unsere

Apps. Die werden uns schon rechtzeitig aufrütteln, wenn irgendetwas Aufregendes in der Welt geschieht, das unser eigenes Leben berührt. Wozu also auf das Gesülze hören, mit dem uns die Figuren aus den politischen Parteien zumüllen? Genauso wie die Maulhelden aus der Wirtschaft oder den Gewerkschaften denken sie doch nur an ihren eigenen Vorteil. Ohnehin hört niemand von denen auf uns – was bringt es also, sich für irgendwelche hehren Ziele zu engagieren?

Wer kann leugnen, dass es gute Gründe gibt, so zu denken. Doch wollen wir wirklich die Hände in den Schoß legen? Wollen wir den Glauben an unsere Ideale, an die moralischen Werte, die uns Europäern aus den bösen Erfahrungen unserer gemeinsamen Vergangenheit erwachsen sind, angesichts der weltweiten Entwicklungen achselzuckend im Mülleimer versenken? Wollen wir die Augen davor verschließen, welches Elend es in einer Welt gibt, die ganz nahe vor unserer Haustür beginnt? Wollen wir offenen Auges in Kauf nehmen, dass blutrünstiger Terror oder schreckliche Kriege unser eigenes Leben – oder das unserer Kinder – vernichten?

Sind wir wirklich alledem ausgeliefert, ohne noch einen ernstzunehmenden Einfluss auf das Weltgeschehen zu haben? Bleibt uns wirklich nichts anderes als die nächste SMS-Nachricht, das nächste Selfie, der nächste Podcast oder Tweet? Die Suche nach dem günstigsten Angebot für die nächste Last-Minute-Reise, nach den angesagtesten Klamotten und den modischsten Schuhen? Nach dem ausgefallensten Tattoo oder der neuesten Haarfarbe?

Und die anderen, die wähnen, weit über solchen Dingen zu stehen? Die meinen, zu Höherem geboren zu sein? Die sich zu denjenigen zählen, die genau wissen, wie die Welt funktioniert und welche drastischen Maßnahmen erforderlich sind, um sie vom Kopf auf die Beine zu stellen? Die frei sind von jeglicher Geldgier? Dürfen wir zulassen, dass ihnen die Zügel überlassen werden, um die Zukunft unserer Gesellschaft nach ihren Vorstellungen zu gestalten?

»Die Welt ist aus den Fugen«: Gewiss, das hat schon Hamlet auf der Bühne verkündet. Trotz schrecklichster Menschheitsverbrechen ist sie seitdem nicht untergegangen. Doch nie zuvor hat es rund um die Erde und zur gleichen Zeit eine solche Vielzahl von krisenhaften Konflikten gegeben wie heute. Nie zuvor waren daran so unberechenbare Akteure, so radikalisierte ethnische oder religiöse Gruppen wie jetzt beteiligt. Nie zuvor bestand die Gefahr, dass der Zusammenbruch übergroßer Staaten oder Finanzunternehmen ein unübersehbares Chaos auslösen könnte.

Um das zu sehen, muss man nicht studiert haben. Jede und jeder, die es nur wollen, können begreifen, wovon die Rede ist. Wer steht nicht fassungslos vor der unvorstellbaren Grausamkeit des IS-Terrorismus, mit der unschuldige Menschen unter Berufung auf vermeintliche religiöse Wahrheiten versklavt, erniedrigt, vergewaltigt und hingemetzelt werden? Oder dem verbrecherischen Gemetzel in der Redaktion von »Charlie Hebdo«?

Doch Vorsicht: das sind nicht die Taten einiger weniger Irrsinniger. Die Wurzel sitzt tief und fest im Boden. Millionen von Menschen fühlen sich zum Islam hingezogen, der ihnen beileibe nicht nur durch eine großartige geschichtliche Tradition überliefert ist. Nein: Ausgelöst durch die überhebliche Arroganz, die allzu viele von uns über Jahrhunderte hinweg gegenüber diesen Menschen an den Tag gelegt haben, bietet er ihnen Selbstbewusstsein, ja die Überzeugung, dem Rest der Welt moralisch meilenweit überlegen zu sein.

Gesegnet mit den Geschenken der Aufklärung und der Vernunft, haben wir in der Tat auf sie herabgeblickt als Menschen, die im Zeitalter eines finsteren geistigen Mittelalters zurückgeblieben sind. Diese Einstellung ist bis heute weit verbreitet – und, zumindest auf den ersten Blick, darf sie sich ja auch auf nicht wenige Tatsachen berufen. Trotzdem konnte und kann uns niemand und nichts berechtigen, Menschen zu unterdrücken und auszubeuten, nur weil sie an den Islam glauben. Genau dies aber ist, gestützt auf die Errungenschaften unserer Wissenschaft, Technik und Kultur, über Jahrhunderte hinweg tatsächlich geschehen. Es setzt sich bis heute fort.

Nahezu sicher, jedenfalls aber zum nicht geringen Teil hängt das Zurückbleiben der islamischen Welt gegenüber dem (sogenannten) »Westen« damit zusammen. Zurückbleiben: gemeint ist nicht der materielle Wohlstand – nein, es geht um die Freiheit und Würde der Menschen, um ihr Recht auf Selbstbestimmung, es geht um Toleranz gegenüber anderen Meinungen und Überzeugungen, um den Schutz vor obrigkeitlicher Willkür, um Rechtssicherheit. Es geht um den Mut zum mündigen Leben.

Manche nehmen sich heraus, den Islam so auszulegen, dass die Entscheidung zwischen Gut und Böse, zwischen Richtig und Falsch allein in den Händen von Allah liegt. Noch einfacher: dass sie jeweils der wörtlichen Interpretation des Koran als der Schrift seines Propheten Mohammed zu entnehmen ist. Das ist zwar auch unter den Gläubigen eine höchst umstrittene Auslegung. Für ihre fanatischen Anhänger liefert sie jedoch die Rechtfertigung zum besinnungslos grausamen Terror gegenüber allen Andersdenkenden. Ihr Wahnwitz gipfelt darin, dass sie ihre schlimmsten Feinde nicht unter den Anhängern anderer Religionen, sondern im eigenen Lager finden. Schiiten und Alewiten, die ihren Behauptungen über die legitime Nachfolge des Propheten widersprechen, sind dem ewigen Verdammnis ausgeliefert und verdienen gnadenlos den Tod.

Die Geschichte des Christentums ist wahrlich nicht frei von vergleichbar grausigen Verirrungen. Gott sei Dank liegen sie aber schon sehr lange zurück. Die Juden hingegen sind (zumindest im Großen und Ganzen) von solchen Anfeindungen verschont geblieben. Als religiöse Minderheit sahen sie sich seit jeher dazu verdammt, sich gegen die anderen zu wehren. Für eigene Eroberungs- oder gewaltsame Bekehrungsversuche blieb da kein Raum. Und die fernöstlichen Religionen, nicht auf einen einzigen Gott fixiert, waren von Anfang an frei von dem Anspruch, eine ungläubige Welt zum Besseren bekehren zu müssen.

Vor unserer eigenen Haustür erleben wir jetzt den Versuch, die Welt von Grund auf umzukrempeln. Hier liegen die ältesten kulturellen und politischen Wurzeln der Menschheit. Das Menschheitserbe des Orients mit seinem einzigartigen religiösen und ethnischen Reichtum und seinem jahrtausendealten Nebeneinander unterschiedlicher Kulturen droht zugrunde zu gehen. Die Dschihadisten verstehen sich als Furor Allahs, der alle nach ihrer Meinung Ungläubigen auslöschen soll – nicht anders als ihre nazistischen, sowjetischen oder maoistischen Vorgänger, die nicht zögerten, erbarmungslos Millionen von Menschen zu vernichten, die mit ihrer Ideologie oder ihrem Machtanspruch nicht vereinbar waren.

Der Islam hat in wissenschaftlicher, philosophischer und kultureller Hinsicht Großartiges zur Entwicklung der Menschheit beigetragen. Jetzt befindet er sich in der schwersten und gefährlichsten Legitimitätskrise seiner Geschichte. Das geht einher mit einem fortschreitenden Kollaps der gesamten arabischen Staatenwelt. Nach dem Sturz Gaddafis ist Libyen zerfallen. Ob es gelingt, den Irak als Staat zu erhalten, oder ob er zum Schluss religiös oder ethnisch aufgeteilt wird, bleibt zumindest offen. Nicht weniger ungewiss ist die Zukunft Syriens, niemand kann verlässlich das weitere Schicksal des Libanon, Tunesiens oder Jordaniens vorhersagen.

Die wenigen bisher noch stabil erscheinenden Ausnahmen – vornehmlich Ägypten, die Golfstaaten mit Saudi-Arabien an der Spitze, bis hin zum Iran – sind allesamt dadurch geprägt, dass es den Herrschenden bisher nur mit massiver militärischer und polizeilicher Repression gelingt, die auseinanderstrebenden Kräfte in ihren Ländern im Zaum zu halten. Ob es zukünftig dabei bleibt, ist mehr als fraglich – ob im Iran, wo sich vor allem die jungen Menschen zunehmend gegen die religiös begründete Unterdrückung wehren, in den Golfstaaten mit ihren traditionellen Stammesfehden oder in Ägypten unter kräftiger Mitwirkung brutaler Militärs mit der Auseinandersetzung zwischen islamischen und westlich-aufgeklärten Kräften. Alles in allem geht es um weit mehr als 300 Millionen Araber und Perser, die nicht nur unter einer ineffizienten und korrupten Verwaltung leiden, sondern auch politisch und wirtschaftlich mehr oder minder abgehängt sind.

Dass es eine grobe Irreleitung ist, wenn uns manche unserer Besserwisser weismachen wollen, der Islam vertrage sich grundsätzlich nicht mit unseren Vorstellungen von einem modernen, auf die Vorherrschaft von Vernunft zählenden Staatswesen, haben wir an den Beispielen von Indonesien, Malaysia oder Pakistan gesehen. Mehr als das: täglich erleben wir ganz hautnah, dass die übergroße Mehrheit von muslimischen Gläubigen über die Freiheit und Würde des einzelnen Menschen um kein Deut anders denkt als wir.

Unübersehbar liegt aber die Frage auf der Hand, ob es der islamisch und zugleich arabisch geprägten Welt im Nahen und Mittleren Osten überhaupt noch gelingen kann, sich in staatlichen Gebilden zu organisieren, die den Anforderungen der modernen Zeit gewachsen sind. Sollte dies nicht der Fall sein, steht nicht zuletzt uns Europäern ein Zeitalter bevor, das durch grauenerregend gefährliche Entwicklungen gekennzeichnet ist. Sie würden sich nicht irgendwo draußen im Weltall, sondern genau vor unserer Tür abspielen – und damit ganz unmittelbar uns selbst treffen.

Zuletzt haben wir alle miteinander die letzte weltweite Finanzkrise miterlebt. Nur durch großes Glück sind nur wenige hier in Deutschland unmittelbar davon betroffen worden. Doch rund um die Erde hat sie unzähligen Menschen bittere Not beschert. Sollte es nicht gelingen, das durch besinnungslose Geldgier getriebene Toben des internationalen Finanzkapitalismus zu bändigen, kann sich die nächste vergleichbare Krise bald zu einer Weltkatastrophe ausweiten. Inzwischen ist manches erreicht worden, um das zu verhindern. Endgültig sicher können wir nur sein, wenn es gelingt, bis in den letzten Winkel hinein durch strenge Regeln Vorsorge zu treffen.

Davon sind wir noch weit entfernt. Dabei ist es schlankweg eine Mär, dass die Globalisierung eine wirksame Regulierung der Märkte unmöglich macht – man muss dafür allerdings den Mut aufbringen, sich einer weltweiten Lobby in den Weg zu stellen, die mit allen Wassern gewaschen ist und vor nichts zurückschreckt.

Genau so weit entfernt sind wir davon, dem internationalen Drogenhandel und der Macht der einschlägigen Verbrechensorganisationen endgültig Fesseln anzulegen. Mexiko bietet dafür ein grauenerregendes

Beispiel. Rund um die Erde gibt es mehr davon. Die Vorgänge in der Ukraine machen deutlich genug, dass auch unmittelbar vor unseren europäischen Grenzen jederzeit wieder kriegerische Auseinandersetzungen aufbrechen können. Deren vorhersehbar schrecklichen Folgen könnte niemand mehr entrinnen, indem er sich ins eigene Schneckenhaus verkriecht. Noch ungleich grauenvoller war und ist der Völkermord, der, ob in Ruanda oder Somalia, unverändert in Teilen Afrikas Normalfall zu bleiben scheint.

Ob es wirklich gelingen wird, ausnahmslos alle großen Wirtschaftsräume auf eine bindende Verpflichtung zu ausreichendem Klimaschutz festzulegen? Auch das bleibt eine offene Frage. Und schließlich Weltkatastrophen, deren mögliches Ausmaß sich jeder noch so blühenden Fantasie entzieht:

Was würde wohl passieren, wenn der Herr Putin, gleichermaßen getrieben wie größenwahnsinnig, eines Tages davongejagt wird – und das Riesenreich daraufhin weder in wenigstens einigermaßen zivilisierte und berechenbare Hände fällt noch sich gar in ein demokratisches Staatswesen wandelt, sondern im Chaos versinkt?

Oder wenn die chinesischen Parteioberen mit ihrer Strategie scheitern, den Milliarden ihrer Untertanen zu Wohlstand zu verhelfen, ohne ihr Herrschaftsmonopol zu verlieren?

Zu viel der Schwarzmalerei? Vielleicht. Nicht jedes dieser Szenarien muss böse ausgehen. Die Geschichte hat immer wieder, wenn auch oft genug im allerletzten Augenblick, bewiesen, dass selbst die gefährlichsten Krisen überwunden werden können. Regelmäßig waren es verantwortlich denkende Menschen, denen dies zu verdanken war, solche, die den Mut hatten, ihre eigenen Interessen gegenüber dem gemeinen Wohl zurückzustellen. Sie fanden sich in kirchlichen oder gewerkschaftlichen, genauso wie in zivilen, nichtstaatlichen Organisationen – und nicht zuletzt unter Persönlichkeiten, die in unmittelbarer politischer Verantwortung standen. Demokratie ist ein mühseliges Geschäft. Doch es gibt keinen Ersatz dafür.

Noch niemals war der Prozentsatz derjenigen unter uns kleiner, die bereit sind, solche Verantwortung auf sich zu nehmen. Nicht zuletzt deswegen hat Stéphane Hessel die jungen Menschen dazu aufgerufen, sich zu empören. Er war ein großartiger Mann, den ich noch persönlich – kurz vor dem Erscheinen seines Pamphlets anlässlich einer gemeinsamen Veranstaltung in Paris – kennenlernen durfte und nicht vergessen werde. Viele haben seinen Aufruf begeistert aufgenommen, manche haben ihn in der einen oder anderen Weise in die Tat umgesetzt. Das hat manches bewirkt. Aber Empörung allein reicht nicht. Es geht um mehr.

In einem demokratischen Staat – und den wollen wir ja wohl alle mit Zähnen und Klauen verteidigen! – kann man nur etwas verändern, wenn man sich aktiv einbringt. Das heißt, wenn wir uns mit unserem Können, unserem Wissen und unserer Zeit für die Dinge einsetzen, die uns, den Bürgerinnen und Bürgern, wichtig sind – wenn wir uns einmischen.

Es gibt keinen anderen Weg: Facebook oder YouTube helfen nicht das Geringste. Es geht um uns alle, ob wir älter sind oder uns, von »ICH« bis »Y«, einer – wie auch immer definierten – »jungen Generation« zurechnen. Auf die Dauer wird sich keine und keiner von uns auf eine auch nur einigermaßen glückliche Zukunft verlassen können, die oder der sich einbildet, alles im Leben hinge nur von ihr oder ihm allein ab. Genau wie ausnahmslos alle Generationen vor uns, sind und bleiben wir auf die Gemeinschaft der anderen angewiesen, auf eine Gemeinschaft von Menschen, die mehr verbindet als ihr kurzzeitiges Eigeninteresse.

Ob wir es wahr haben wollen oder nicht: Uns verbindet ein gemeinsames Schicksal. Ohne Ausnahme. Und deswegen müssen wir – überall in unserer Gesellschaft! – den Mut haben, offen und ohne Tricks darüber zu streiten, wie dieses Schicksal aussehen soll. Ein demokratisches Gemeinwesen ohne Einmischung: Undenkbar!

DANK

Ausnahmslos gehen die Beiträge dieses Buches auf Gespräche und Begegnungen mit einer Vielzahl anderer Menschen zurück. Es würde jeglichen Rahmen sprengen, wollte ich versuchen, sie allesamt namentlich zu erwähnen. Umso mehr schulde ich ihnen Dank für ihre Gedanken und Anregungen, die mich zu dem Abenteuer veranlasst haben, solche Überlegungen zu Papier zu bringen.

Ein Dank geht jedoch weit darüber hinaus. Er richtet sich an Anton Hunger. Eine lange gemeinsame Wegstrecke verbindet uns miteinander. Begonnen hat sie von durchaus gegensätzlichen Ausgangspositionen aus. Damals, um die Mitte der siebziger Jahre des vergangenen Jahrhunderts, setzte der junge Wirtschaftsjournalist zum ersten Mal zu seiner lange Jahre andauernden Beobachtung und – durchaus kritischen – Begleitung meines Wirkens als neu gekürtem Vorstandsmitglied der damaligen Daimler-Benz AG an. Entstanden ist daraus dauerhaftes Vertrauen auf gegenseitigen Anstand. Es ist geblieben, als er viele Jahre später die Seiten wechselte und ihm eigene unternehmerische Verantwortung übertragen wurde, während ich mich schon der weit angenehmeren Lage erfreuen durfte, die Entwicklungen um uns herum zwar innerlich nicht unbeteiligt, aber doch ungestört verfolgen zu können. Jetzt hat Anton Hunger die Last auf sich genommen, meine Texte durchzusehen und mit vielfältigen Anregungen zu begleiten. Mein Dank dafür ändert natürlich nichts daran, dass die Verantwortung für die Beiträge allein bei mir liegt. Nicht zuletzt gilt dies für diejenigen Beiträge, bei denen sich – wie etwa beim Thema Stuttgart 21 – unsere jeweiligen Einschätzungen grundsätzlich voneinander unterscheiden.

Und schließlich danke ich Hubert Klöpfer, meinem Verleger, und seinem Team, insbesondere Horst Schmid, herzlich für die vorbildliche Betreuung bei der Fertigstellung des Manuskripts und der Gestaltung des Buches.

Edzard Reuter

geboren 1928 in Berlin als Sohn des Regierenden Bürgermeisters Ernst Reuter. Aufgewachsen in Ankara (Türkei). Studium der Mathematik, Physik und Rechtswissenschaften. Ab 1956 Tätigkeit in Wirtschaftsunternehmen. Von 1964 an in leitenden Funktionen bei der Daimler-Benz AG in Stuttgart, ab 1973 Vorstandsmitglied und von 1987 bis 1995 Vorstandsvorsitzender des Automobilherstellers. Edzard Reuter ist Ehrenbürger von Berlin und Autor seiner Lebenserinnerungen (»Schein und Wirklichkeit«) sowie mehrerer Bücher, in denen er Stellung zu gesellschaftspolitischen Themen nimmt. Der Sozialdemokrat engagiert sich in zahlreichen kulturellen, wissenschaftlichen und medialen Gremien und lebt mit seiner Frau Helga in Stuttgart. Mit ihr 1995 Gründung der »Helga und Edzard Reuter-Stiftung« für gesellschaftliche Integration.

Autor und Verlag danken dem Manesse Verlag München/Zürich
für die freundliche Abdruckgenehmigung des Textauszugs auf S. 7f
aus: Sait Faik Abasíyaník, Geschichten aus Istanbul. Erzählun-
gen. Aus dem Türkischen übersetzt von Gerhard Meier © 2002
Sait Faik Abasíyaník/Darüşafaka Cemiyeti & Yapí Kredi Culture,
Arts and Publishing, Inc. Copyright © für die deutsche Überset-
zung Manesse Verlag, Zürich, in der Verlagsgruppe Random House
GmbH, München 2012.

© 2016 Klöpfer und Meyer, Tübingen.
ISBN 978-3-86351-515-7

Umschlag- und Titeleigestaltung: Christiane Hemmerich
Konzeption und Gestaltung, Tübingen.
Herstellung: Horst Schmid, Mössingen.
Korrektorat: Sabine Besenfelder, Tübingen.
Satz: CompArt, Mössingen.
Druck und Einband: Pustet, Regensburg.

Mehr über das Verlagsprogramm von Klöpfer & Meyer
finden Sie unter *www.kloepfer-meyer.de*

ISBN 978-3-86351-515-7

9 783863 515157